Haushalt?
Kein Problem!

Haushalt?
Kein Problem!

Das Express-Programm für ein sauberes Zuhause

Anna Shepard

Dorling Kindersley

DORLING KINDERSLEY
London, New York, Melbourne, München und Delhi

Redaktion Hilary Mandleberg
Bildredaktion Miranda Harvey
Fotos Howard Shooter
Illustrationen Sean Sims @ New Division

DK UK
Lektorat Scarlett O'Hara
Redaktionsassistenz Kajal Mistry
Bildredaktion Jane Ewart, Marianne Markham
Cheflektorat Dawn Henderson
Umschlaggestaltung Nicola Powling
Herstellung Jennifer Murray, Alice Sykes

Für die deutsche Ausgabe:
Programmleitung Monika Schlitzer
Projektbetreuung Andrea Göppner
Herstellungsleitung Dorothee Whittaker
Herstellung Mareike Hutsky

Bibliografische Information der Deutschen Bibliothek
Die Deutsche Bibliothek verzeichnet diese Publikation
in der Deutschen Nationalbibliografie;
detaillierte bibliografische Daten sind im Internet
über http://dnb.ddb.de abrufbar.

Titel der englischen Originalausgabe:
Express Housekeeping

© Dorling Kindersley Limited, London, 2011
Ein Unternehmen der Penguin-Gruppe

© der deutschsprachigen Ausgabe by
Dorling Kindersley Verlag GmbH, München, 2012
Alle deutschsprachigen Rechte vorbehalten

Übersetzung Stephanie Schauenburg
Redaktion Lesezeichen Verlagsdienste, Köln

ISBN 978-3-8310-2124-6

Printed and bound by
South China Printing Co. Ltd

Besuchen Sie uns im Internet
www.dorlingkindersley.de

Hinweis
Die Informationen und Ratschläge in diesem Buch sind von
der Autorin und vom Verlag sorgfältig erwogen und geprüft,
dennoch kann eine Garantie nicht übernommen werden.
Eine Haftung der Autorin bzw. des Verlags und seiner
Beauftragten für Personen-, Sach- und Vermögensschäden
ist ausgeschlossen.

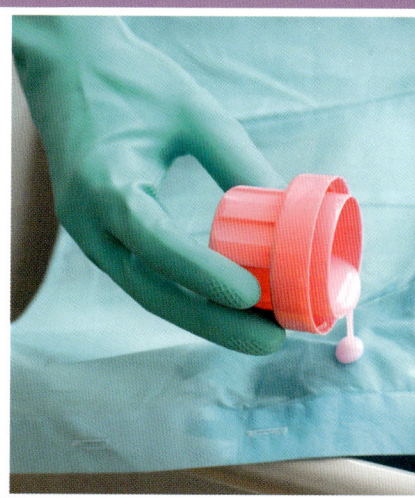

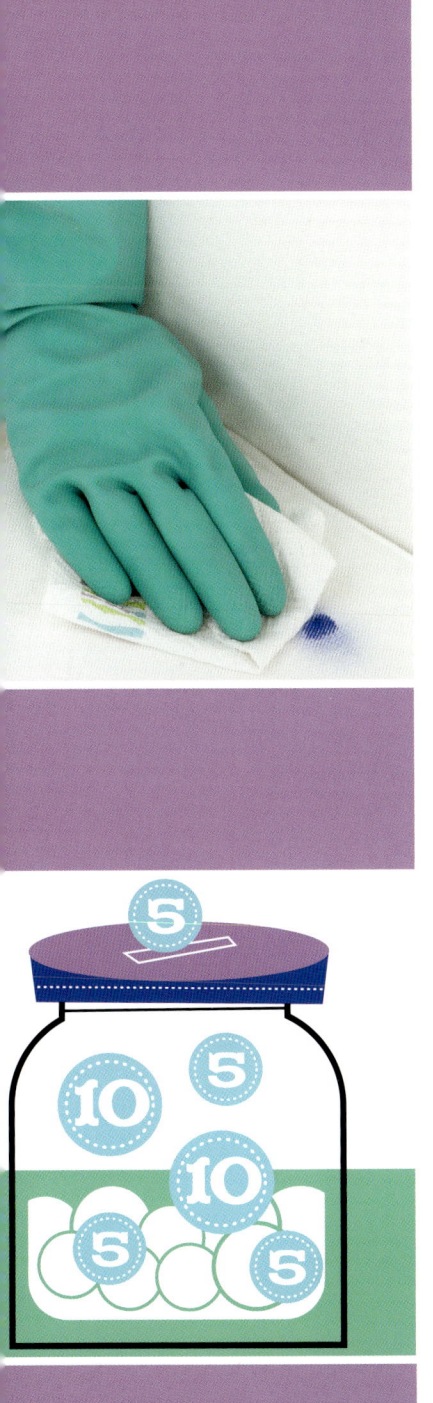

Inhalt

Vorwort 6

Auf die Schnelle 14

Der Abwasch 102

Wäschepflege 122

Flecken entfernen 154

Kinder und Haustiere 174

Ordnung schaffen und halten 190

Register 220

Vorwort

Eins vorweg: Man muss wirklich nicht das halbe Leben mit Waschen und Putzen zubringen! Dank der Tipps, Tricks und Zeitsparstrategien in diesem Buch erledigen Sie den Haushalt mit maximaler Geschwindigkeit und Effizienz – vieles ist sogar in weniger als 10 Minuten erledigt.

Ganz auf die Schnelle, dafür aber häufig etwas tun – das ist der pfiffigste Weg, um den Schmutz unter Kontrolle zu behalten. Außerdem wichtig: regelmäßig aufräumen. Es gibt keine größere Zeitverschwendung, als lange zu sortieren und zu räumen, bevor der Staubsauger überhaupt angeworfen werden kann. Ein ordentlicher Raum ist in der halben Zeit geputzt.

Sie brauchen kein Riesensortiment an Geräten und speziellen Reinigungsmitteln. Sogar im Vorratsregal der Küche findet sich vieles, das genauso wirksam – und häufig umweltschonender – reinigt wie die entsprechenden Produkte im Handel.

Gerade wenn Sie einen anstrengenden Alltag haben, garantiert dieses Buch Ihnen Erleichterung: Die Wohnung ist im Handumdrehen tipptopp – und Sie genießen den Rest des Tages.

AUF DIE SCHNELLE

Die Basics

Eine Grundausstattung wie diese ist zwar nicht jedem Einsatzzweck gewachsen, aber doch den meisten. Verstauen Sie Ihre Ausrüstung immer in einem Plastikkorb, den Sie beim Putzen mit sich herumtragen können. So haben Sie alles griffbereit, um Staub und Schmutz auf die Schnelle zu Leibe zu rücken. Der Trick für minimalen Aufwand heißt nämlich: Nicht warten, bis sich viel Dreck ansammelt, sondern gleich anpacken und lieber öfter und dafür kürzer im Haushalt arbeiten.

CHLORREINIGER
Ein Multitalent: Löst hartnäckigen Schmutz, entfärbt, desinfiziert und wirkt gegen Schimmel.

DESINFEKTIONSSPRAY
Für Hygiene in Küche und Bad.

PLASTIKKORB
Darin können Sie die komplette Grundausstattung durchs Haus tragen und sparen sich doppelte Wege.

WEICHE TÜCHER
Perfekt zum Trockenreiben und Polieren. Die günstigste (und umweltfreundliche) Alternative sind ausrangierte T-Shirts.

MIKROFASERTÜCHER
Trocken oder leicht angefeuchtet erledigen diese Wundertücher fast jeden Wisch-und-weg-Job.

SCHEUERSPIRALE
Der Klassiker zum Schrubben verkrusteter Töpfe. Für beschichtete Pfannen gibt's Plastikschwämme.

DIE BASICS

SCHEUERMILCH
Perfekt, um ruckzuck Dreck und Flecken von vielen glatten Oberflächen zu entfernen.

BODENREINIGER
Stein, Holz oder Laminat? Wählen Sie das passende Produkt für Ihren Boden.

SPRÜHFLASCHEN
Damit trägt man die selbst hergestellten Reinigungsmittel auf.

GUMMIHANDSCHUHE
Nicht nur zum Spülen: Darin sind die Hände auch beim Putzen gut geschützt.

MESSBECHER
Braucht man, um Reinigungslösungen selbst in der gerade benötigten Menge zu mischen.

AUF DIE SCHNELLE

Im Besenschrank

Irgendwo müssen die größeren Haushaltshelfer verstaut werden, am besten in einem Besenschrank oder einer Kammer. Aber egal welchen Platz Sie dafür gewählt haben: Alles, was häufig gebraucht wird, zum Beispiel Staubsauger, Kehrschaufel und Besen, kommt ganz nach vorne. So ist es immer griffbereit.

STAUBSAUGER
Das vermutlich nützlichste Gerät im ganzen Haushalt, vor allem wenn Ihr Modell über mehrere Düsen zum Aufstecken verfügt.

BESEN
Der richtige Helfer für die Krümel zwischendurch, wenn es nicht lohnt den Staubsauger zu holen.

IM BESENSCHRANK

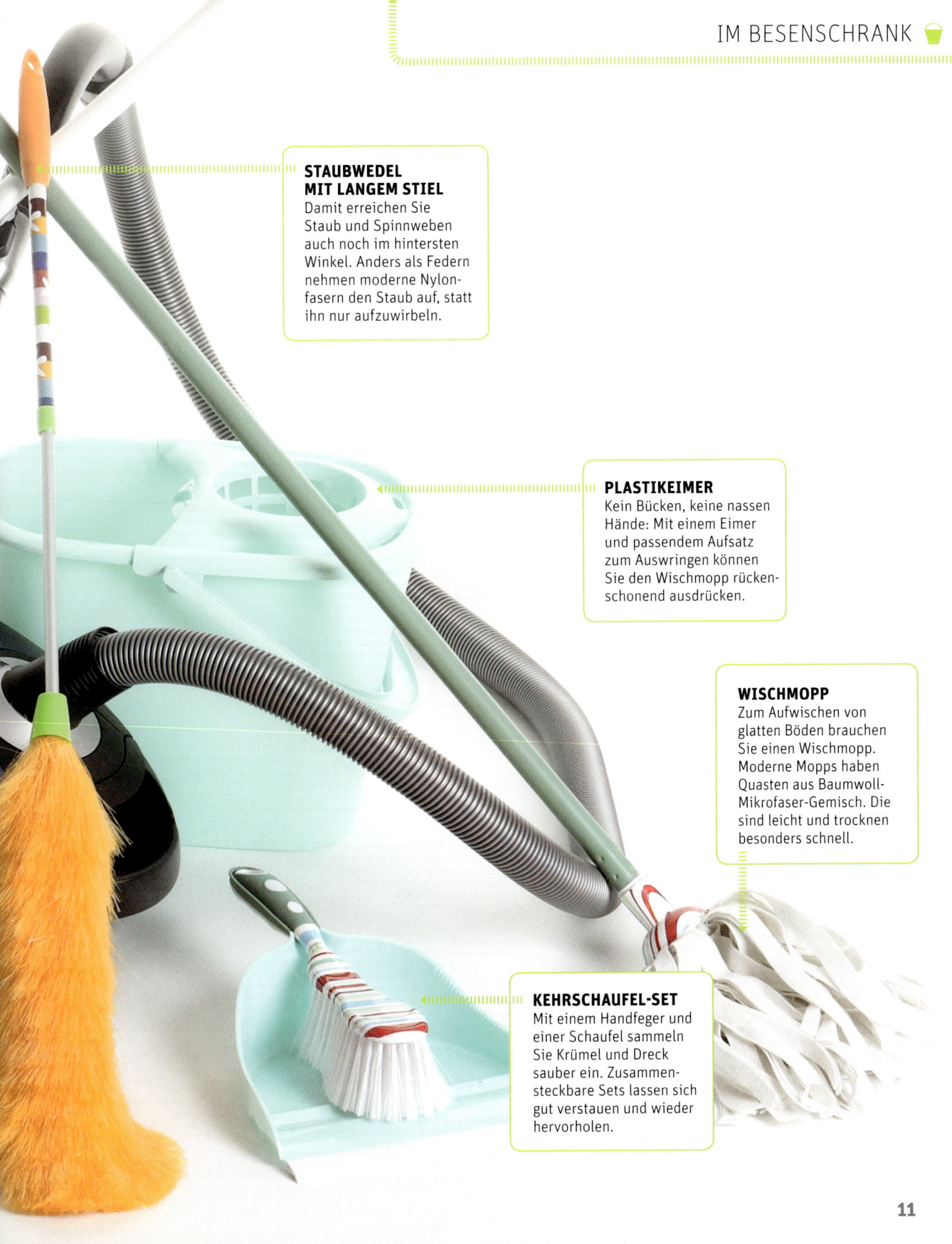

STAUBWEDEL MIT LANGEM STIEL
Damit erreichen Sie Staub und Spinnweben auch noch im hintersten Winkel. Anders als Federn nehmen moderne Nylonfasern den Staub auf, statt ihn nur aufzuwirbeln.

PLASTIKEIMER
Kein Bücken, keine nassen Hände: Mit einem Eimer und passendem Aufsatz zum Auswringen können Sie den Wischmopp rückenschonend ausdrücken.

WISCHMOPP
Zum Aufwischen von glatten Böden brauchen Sie einen Wischmopp. Moderne Mopps haben Quasten aus Baumwoll-Mikrofaser-Gemisch. Die sind leicht und trocknen besonders schnell.

KEHRSCHAUFEL-SET
Mit einem Handfeger und einer Schaufel sammeln Sie Krümel und Dreck sauber ein. Zusammensteckbare Sets lassen sich gut verstauen und wieder hervorholen.

AUF DIE SCHNELLE

Natürliche Putzmittel

Schwer zu glauben, aber wahr: Einige der besten Putzmittel kann man aus natürlichen Zutaten selber herstellen. Sobald Sie die Fenster einmal mit Essigwasser geputzt oder fleckige Kaffeebecher mit Natron gereinigt haben, werden Sie überzeugt davon sein – zumal sich das meiste praktischerweise sowieso im Küchenschrank findet. Alles andere bekommen Sie problemlos im Supermarkt, in der Drogerie oder dem Haushaltswarengeschäft. Vergessen Sie nicht, auch ein paar Sprühflaschen zu besorgen. Damit werden einige selbst gemachte Reinigungsmittel aufgetragen.

WEICHE TÜCHER
Gewebt, grob oder fein gestrickt: Mit weichen Putztüchern aus 100% Baumwolle bringen Sie alles auf Hochglanz.

NATRON
Diese sanfte Alternative zu herkömmlichen Scheuermitteln kannten schon unsere Großmütter.

BORAX
Damit bleicht man Weißwäsche und bindet unangenehme Gerüche.

NATÜRLICHE PUTZMITTEL

ESSIGLÖSUNG
Branntweinessig, mit Wasser verdünnt und in eine Sprühflasche gefüllt, ist perfekt zum Beseitigen von Kalkflecken.

ZITRONENSAFT
Zitronensäure hilft Fett und Kalk zu lösen und entfernt in Verbindung mit Salz auch hartnäckige Flecken.

TEEBAUMÖL
Ein natürliches Desinfektionsmittel, das besonders gut gegen Schimmel und Mehltau wirkt.

Auf die Schnelle

 AUF DIE SCHNELLE

15 MIN. Blitzschnell aufräumen

Gleich kommen Gäste und bei Ihnen sieht es aus wie bei den sprichwörtlichen »Hempels unterm Sofa«? Keine Sorge! Mithilfe dieser Checkliste bekommen Sie in 15 Minuten mehr geschafft, als Sie für möglich halten.

1 PRIORITÄTEN SETZEN
Versuchen Sie erst gar nicht, die ganze Wohnung auf Vordermann zu bringen. Wichtig sind jetzt Garderobe, Küche und Wohnzimmer, dann reicht die Zeit noch für einen Blitzeinsatz im Bad.

2 MÜLL RAUSBRINGEN
Damit keine Gerüche in der Wohnung hängen, die man nur bemerkt, wenn man von draußen hereinkommt, muss zuerst der Müll raus. Dann gut durchlüften und vielleicht ein paar Duftkerzen anzünden.

3 TISCHE SAUBER MACHEN
Wenn Ess- und Couchtische leer und krümelfrei sind, sieht der ganze Raum gleich viel besser aus. Herumliegende Schriftstücke lassen Sie schnell in einer Schublade oder einer Schachtel verschwinden.

4 SPÜLE FREIRÄUMEN
Damit in und neben der Spüle nichts herumsteht, müssen Sie schnell ein bisschen abspülen, sauberes Geschirr wegräumen und die Spülmaschine beladen.

BLITZSCHNELL AUFRÄUMEN

5 WOHNZIMMER AUFRÄUMEN
Räumen Sie den Sofatisch frei. Alles, was dann noch herumliegt, kommt in einen Korb und wird in einer Ecke oder einem anderen Raum verstaut. Sortieren und aufräumen kann man es später.

6 SOFAS UND SESSEL AUSRICHTEN
Zuerst werden schnell alle Krümel und Fusseln aufgesammelt, dann schütteln Sie die Kissen auf, falten die Sofadecken akkurat zusammen und legen sie dekorativ über eine Lehne.

7 TEPPICHE GLATTZIEHEN
Zum Ausklopfen fehlt jetzt die Zeit, aber schon wenn Sie die Teppiche glattziehen, exakt ausrichten und grobe Krümel und Fusseln auflesen, sieht alles wesentlich besser aus.

8 BLITZPUTZ IM BAD
Verzetteln Sie sich jetzt nicht mit gründlichem Putzen: Schnell übers Waschbecken und um die Armaturen herumwischen, Kosmetika wegräumen und sicherstellen, dass die Toilette sauber ist – fertig!

9 ORDNUNG SCHAFFEN IN DER GARDEROBE
Jacken, Mäntel und andere Kleidungsstücke hängen Sie auf. Schuhe, Hüte, Mützen und Handschuhe verschwinden ruckzuck in Körben. (Genau aus diesem Grund sollten Körbe in keiner Garderobe fehlen.)

10 DEN REST VERSTECKEN
Für alle Zimmer, die Sie jetzt nicht aufgeräumt haben, gibt es nur noch eins: Türen zu! Als letzte Tat richten Sie die Beleuchtung so ein, dass unordentliche Ecken nicht angestrahlt werden.

◆ AUF DIE SCHNELLE

Abstauben

Stauben Sie öfter ein bisschen ab – so kann der Hausstaub sich gar nicht erst breitmachen. Die meisten glatten Oberflächen sind leicht zu reinigen, man braucht nur feucht darüberzuwischen. Trocken abzustauben dauert etwas länger, ist aber nur bei nicht abwaschbaren Flächen und Möbeln aus Massivholz nötig. Gesaugt wird erst danach; so fangen Sie auch den beim Abstauben aufgewirbelten Staub auf.

→1 Wände, Decken und Zimmerecken stauben Sie am besten mit einem Staubwedel ab, dessen Griff ausziehbar ist. Nylonfasern nehmen den Staub auf, statt ihn – wie Staubwedel aus Federn – nur aufzuwirbeln.

→2 Abwaschbare Oberflächen lassen sich gut mit einem feuchten Mikrofasertuch reinigen. Anstatt den Staub aber nur hin- und herzuwischen, nehmen Sie etwas Staub auf, falten das Tuch darüber und wischen weiter.

ABSTAUBEN

WAS WIE OFT

TÄGLICH → Dranbleiben heißt die Devise: Gewöhnen Sie sich an, täglich ein Stück abzustauben – und wenn es nur ein Tisch ist.

WÖCHENTLICH → Couchtische, Leuchten (siehe Kasten) und Elektrogeräte. Für Letztere benutzen Sie ein antistatisches Tuch.

MONATLICH → Wände, Decken, Fußleisten, Schränke, Bilder und Bücherregale.

Stehleuchten abstauben

Zuerst den Stecker ziehen und die Glühlampe abkühlen lassen. Dann halten Sie den Lampenschirm mit einer Hand fest und streichen sanft mit dem Bürstenaufsatz des Staubsaugers darüber. Bürsten Sie auch in die Falten des Schirms hinein, achten Sie aber darauf ihn nicht zu verbiegen. Zum Schluss Leuchtmittel und Fuß abwischen.

→3

Nicht abwaschbare Oberflächen werden mit einem trockenen Staub- oder Mikrofasertuch abgestaubt. Streichen Sie dabei kreisförmig über die Fläche, um den Staub unter dem Tuch zu sammeln.

→4

Dann falten Sie das Tuch um den Staub herum zusammen und wischen wie in Schritt 3 beschrieben weiter. Zwischendurch schütteln Sie das Tuch am offenen Fenster oder vorsichtig über dem Mülleimer aus.

AUF DIE SCHNELLE

Der Staubsauger

Die Anschaffung eines hochwertigen Staubsaugers lohnt sich auf jeden Fall. Für welchen Grundtyp Sie sich entscheiden, hängt vom Einsatz ab: Die aufrechten Handstaubsauger sind besonders leicht, platzsparend und praktisch auf Treppen. Bodenstaubsauger haben oft mehr Leistung und eignen sich auch für große Flächen. In jedem Fall sollte Ihr Staubsauger über verschiedene aufsteckbaren Düsen für verschiedene Arbeiten verfügen. Besonders praktisch sind Modelle, bei denen die Düsen direkt am oder im Gerät aufbewahrt werden, so hat man sie immer griffbereit.

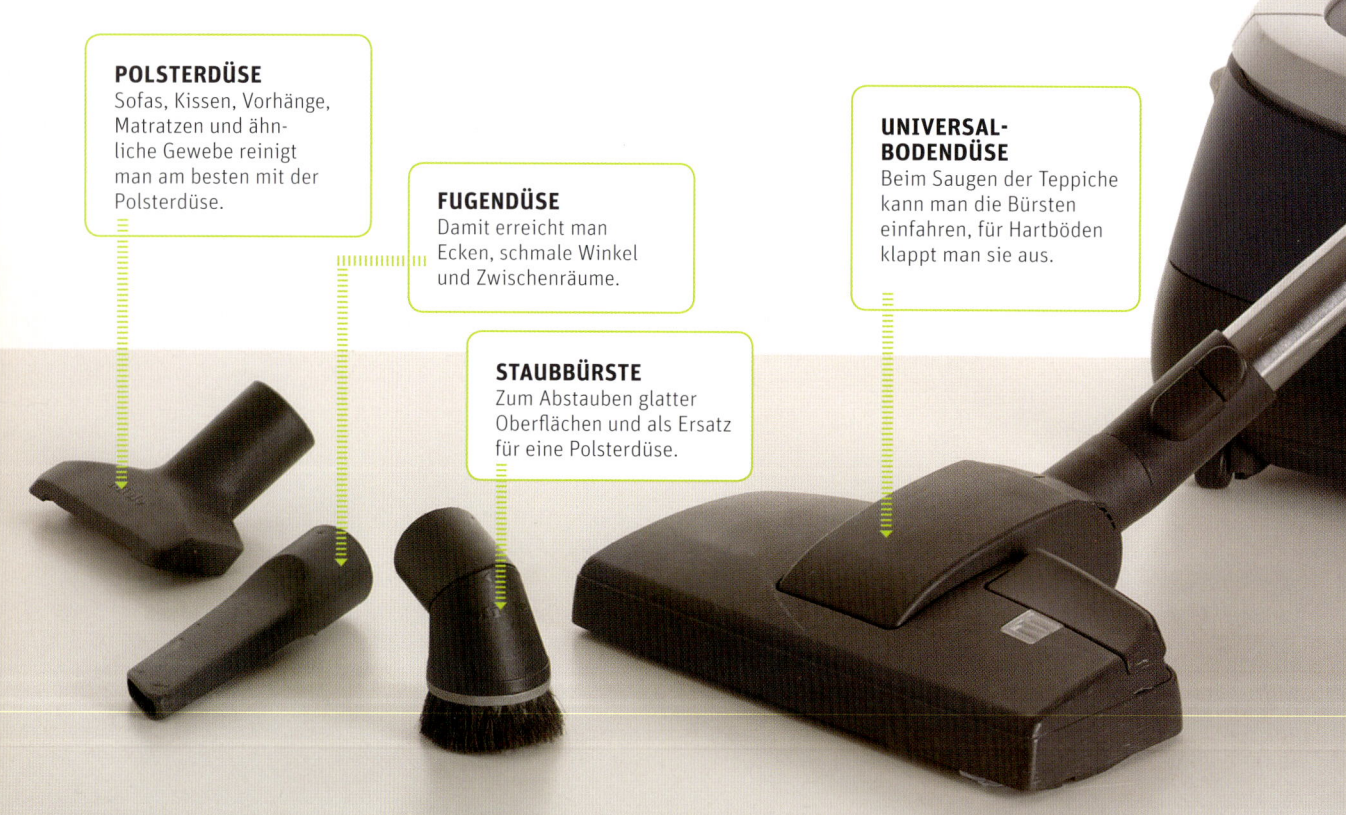

POLSTERDÜSE
Sofas, Kissen, Vorhänge, Matratzen und ähnliche Gewebe reinigt man am besten mit der Polsterdüse.

FUGENDÜSE
Damit erreicht man Ecken, schmale Winkel und Zwischenräume.

STAUBBÜRSTE
Zum Abstauben glatter Oberflächen und als Ersatz für eine Polsterdüse.

UNIVERSAL-BODENDÜSE
Beim Saugen der Teppiche kann man die Bürsten einfahren, für Hartböden klappt man sie aus.

DER STAUBSAUGER

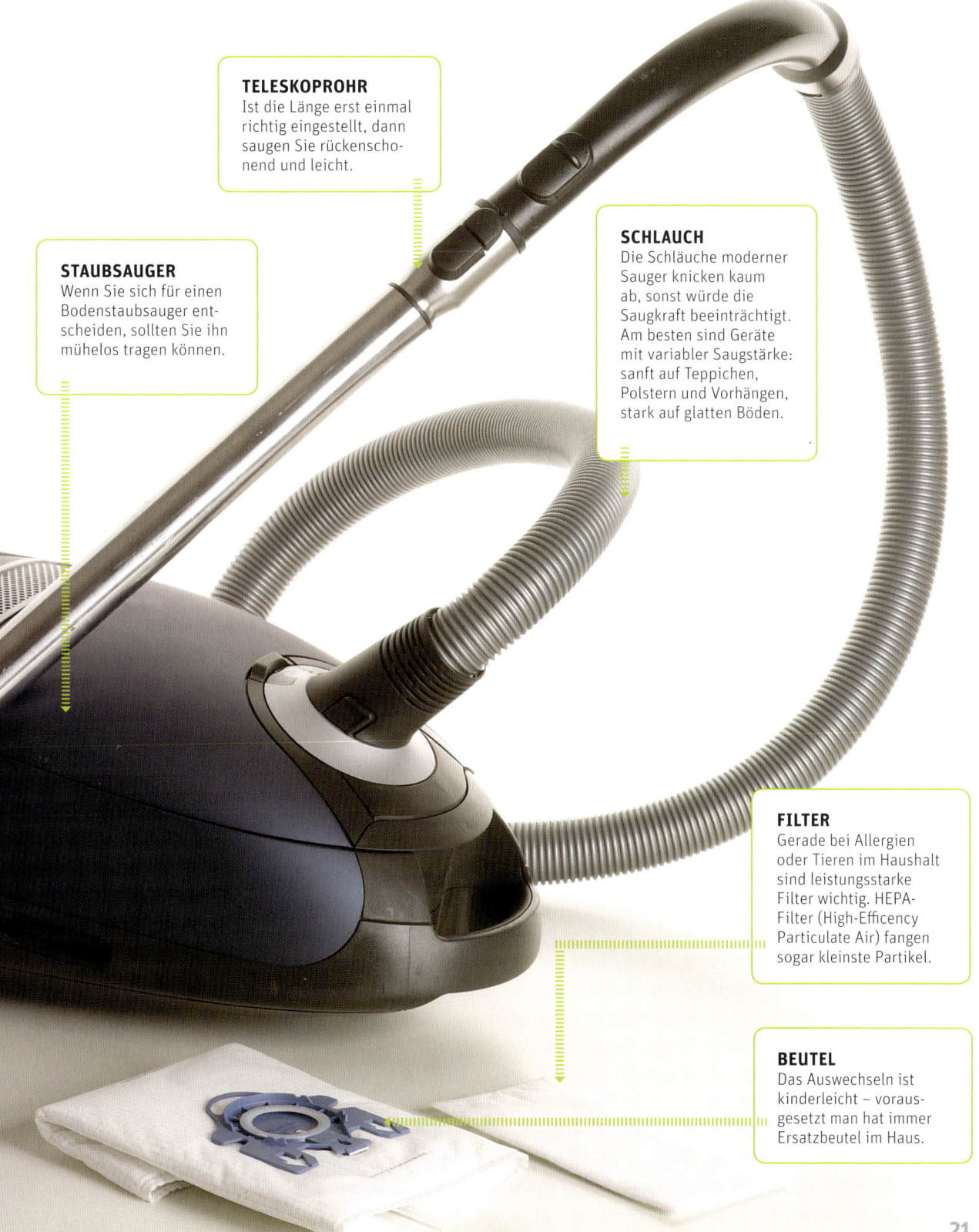

TELESKOPROHR
Ist die Länge erst einmal richtig eingestellt, dann saugen Sie rückenschonend und leicht.

STAUBSAUGER
Wenn Sie sich für einen Bodenstaubsauger entscheiden, sollten Sie ihn mühelos tragen können.

SCHLAUCH
Die Schläuche moderner Sauger knicken kaum ab, sonst würde die Saugkraft beeinträchtigt. Am besten sind Geräte mit variabler Saugstärke: sanft auf Teppichen, Polstern und Vorhängen, stark auf glatten Böden.

FILTER
Gerade bei Allergien oder Tieren im Haushalt sind leistungsstarke Filter wichtig. HEPA-Filter (High-Efficency Particulate Air) fangen sogar kleinste Partikel.

BEUTEL
Das Auswechseln ist kinderleicht – vorausgesetzt man hat immer Ersatzbeutel im Haus.

AUF DIE SCHNELLE

5 MIN. Teppichböden saugen

Regelmäßiges Staubsaugen verlängert die Lebensdauer Ihrer Teppichböden. Mit einem modernen, effizienten Staubsauger dauert das nur ein paar Minuten – zumal Sie auch nicht bei jedem Mal alle Möbel verrücken müssen.

DAZU BRAUCHEN SIE:
- Staubsauger
- Teppichdüse
- Fugendüse

→1

Vor dem Saugen sammeln Sie herumliegende Papierstücke und andere kleine Teile auf. Alles, was klein genug ist, um aufgesaugt zu werden, kann den Staubsauger verstopfen und ist nur mit Mühe wieder herauszubekommen.

→2

Stecken Sie die Teppichdüse auf oder stellen Sie Ihren Handstaubsauger für Teppichböden ein. Dann beginnen Sie am Ende des Raums mit dem Saugen: Bewegen Sie die Düse in langen, überlappenden Streifen vor und zurück.

TEPPICHBÖDEN SAUGEN

WAS WIE OFT

ALLE PAAR TAGE → Häufig benutzte Teppichböden saugen. Festgetretener Schmutz verringert ihre Lebensdauer.

ALLE PAAR WOCHEN → Betten, Tische und Sessel vorziehen und dahinter saugen.

ALLE 2–3 JAHRE → Teppichböden professionell reinigen lassen. In Haushalten mit Kindern oder Haustieren jährlich.

Extra-Tipps

Für Auslegeware sollte man die Saugkraft nicht auf die höchste Stufe einstellen, sonst gleitet die Düse weniger gut und die Teppichfasern werden zu stark beansprucht. Mittlere Saugkraft reicht völlig aus. Dabei müssen Sie überhaupt keinen Druck ausüben, der Sauger macht die Arbeit ganz alleine.

→3

→4

Saugen Sie nach und nach bis zur Tür, immer wieder vor- und zurückstreichend. Über besonders schmutzige Stellen saugen Sie mehrmals, bei jedem Darüberstreichen nimmt der Sauger noch etwas mehr Staub auf.

Wenn die Teppichfläche fertig gesaugt ist, stecken Sie die Fugendüse auf und reinigen damit alles, was die große Düse nicht erreichen kann: Teppichkanten längs der Fußleisten, Ecken und Zwischenräume neben den Möbeln.

AUF DIE SCHNELLE

5 MIN. Treppen saugen

Mit Teppich bezogene Treppen muss man höchstens einmal pro Woche saugen. Der Zeitspartrick liegt in einer guten Vorbereitung: Wenn Sie zuvor alle herumliegenden Kleinteile aufsammeln, dauert es höchstens ein paar Minuten.

DAZU BRAUCHEN SIE:

Staubsauger
Fugendüse
Teppichdüse

→1

Alles, was auf den Stufen herumliegt und den Staubsauger verstopfen könnte, wird vor dem Saugen aufgesammelt. Erstaunlich, was man da alles findet: Kleingeld, Büroklammern, Spielzeugkleinteile, Papierschnipsel …

→2

Stecken Sie die Fugendüse auf und saugen Sie erst einmal sorgfältig die Ränder und Ecken der Treppe, also alle Stellen, wo der Teppich seitlich anstößt oder am Fuß der Stufen eingefaltet ist.

TREPPEN SAUGEN

Extra-Tipps

Treppen sind Sammelplätze für alle möglichen Dinge, die man bei nächster Gelegenheit mit nach oben oder unten nehmen will. Vor dem Saugen räumen Sie erst mal alles weg, so geht es schneller und sicherer!

Die beste Steckdose ist die, von der aus Sie die gesamte Treppe erreichen können. Wenn das nicht geht und Sie umstecken müssen, dann möglichst nur einmal und ohne lange Wege, das spart Zeit.

Einen Bodenstaubsauger muss man meist hochkant auf den Stufen abstellen. Damit er nicht auf Sie fallen oder Sie zum Stolpern bringen kann, fangen Sie am unteren Ende der Treppe mit dem Saugen an und stellen den Staubsauger immer dicht hinter sich ab.

→3

→4

Danach brauchen Sie die Teppichdüse.
Wenn Sie einen Handstaubsauger verwenden, stellen Sie ihn für Teppichboden ein. Sie beginnen an der untersten Treppenstufe und saugen zuerst ihre Trittfläche.

Dann wird die Teppichdüse so geschwenkt, dass Sie die vertikale Fläche saugen können, die sogenannte Setzstufe. Jetzt geht es Stufe für Stufe nach oben, immer im Wechsel Trittfläche–Setzstufe.

AUF DIE SCHNELLE

Staubsauger instand halten

Moderne Staubsauger arbeiten fast ohne Pflege viele Jahre lang zuverlässig. Trotzdem muss man ab und zu ein paar Minuten investieren: Wichtig ist vor allem der regelmäßige Wechsel von Beutel und Filter. Das erhöht die Leistung wieder spürbar.

DAZU BRAUCHEN SIE:
leere Staubsaugerbeutel
saubere Staubsaugerfilter
Mikrofasertuch
Bambusrohr

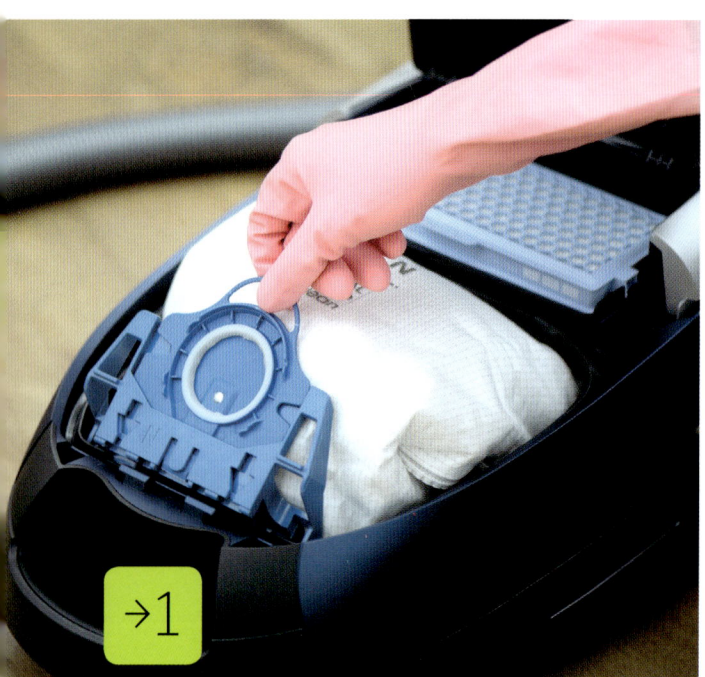

→1

→2

Sobald der Staubsaugerbeutel voll ist, muss er ausgewechselt werden. Das machen Sie am besten im Freien oder in einem gut gelüfteten Raum. Wie es genau geht, steht in Ihrer Geräteanweisung.

Nur ein sauberer Filter erfüllt den Zweck. Vor allem größere Partikel schränken seine Funktion ein. Überprüfen Sie ihn deshalb regelmäßig und wechseln Sie ihn, wenn nötig, aus. Wie es geht, steht in der Gebrauchsanweisung.

STAUBSAUGER INSTAND HALTEN

Extra-Tipps

Auch beutellose Staubsauger muss man regelmäßig leeren, am besten schon, wenn sie nur zu drei Vierteln gefüllt sind. Von Zeit zu Zeit spülen Sie den Behälter zusätzlich aus und lassen ihn danach sorgfältig trocknen. Jedes Mal, wenn Sie den Staubbehälter leeren, sollten Sie auch den Filter reinigen. Wie das bei Ihrem Gerät geht, steht in der Gebrauchsanweisung.

Die Räder des Staubsaugers wischen Sie von Zeit zu Zeit mit einem feuchten Tuch ab, denn der Schmutz an den Rädern landet sonst auf dem Teppich und in die Rollen gedrückte Steinchen zerkratzen den Holzboden. Vor allem wenn Sie den Staubsauger auch fürs Auto benutzen, sollten Sie darauf achten. Am besten stellen Sie ihn im Freien immer auf eine Matte.

→3

→4

Die Bodendüse reinigt man einmal im Monat. Zuerst zupfen Sie Fusseln und Haare ab, die sich an der Bürste gesammelt haben. Dann wischen Sie mit einem feuchten Mikrofasertuch über die Oberfläche.

Wenn der Staubsauger kaum noch saugt, steckt vermutlich etwas im Schlauch fest. Schieben Sie vorsichtig ein Bambusrohr hinein, um den Pfropf zu lösen. Aber Vorsicht: Nicht mit Gewalt darin herumstochern!

AUF DIE SCHNELLE

10 MIN. Vorhänge säubern

Die Vorhänge vernachlässigt man ganz gern, aber warum eigentlich? Sie gründlich sauber zu machen dauert nur ein paar Minuten und einmal im Jahr reicht völlig aus. Zwischendurch saugen Sie sie ab, so bleiben Ihre Vorhänge jahrelang schön.

DAZU BRAUCHEN SIE:

Staubsauger mit Staubbürste
Wäscheleine
Schwamm
Handwaschmittel

→ 1

Die Vorhänge werden zugezogen und dann von oben nach unten, möglichst in einem Strich mit der Staubbürste abgesaugt. Stellen Sie den Staubsauger dazu auf kleinste Saugkraftstufe ein, sonst zerrt er zu sehr am Stoff.

→ 2

Die Rückseite des Vorhangs fängt oft am meisten Staub. Wenn in der Fensternische zu wenig Platz ist, drehen Sie den Vorhang mit einer Hand um und führen den Sauger mit der anderen – wieder von oben nach unten.

VORHÄNGE SÄUBERN

Faltrollos reinigen

Faltrollos aus waschbarem Stoff kann man zwar in die Waschmaschine stecken, dafür muss man sie aber umständlich von der Aufhängung lösen und später wieder anbringen. Schneller geht es mit einem Schaumreiniger für Polster und Teppiche. Testen Sie zuvor an einer verdeckten Stelle, ob die Farbe des Stoffes sich nicht verändert. Dann sprühen Sie den Reiniger auf den heruntergelassenen Rollo, lassen ihn nach Anweisung einwirken und reiben ihn sorgsam mit einem trockenen Tuch wieder ab.

Noch besser: Vorbeugen. Saugen Sie Faltrollos regelmäßig mit der Staubbürste des Staubsaugers ab und sprühen Sie sie danach mit einem Imprägnierspray ein. So sammelt sich kaum Staub darauf an.

→3

→4

Anschließend nehmen Sie die Vorhänge ab und schütteln sie im Freien aus. So entfernen Sie den Reststaub, bevor die Stoffbahnen über der Wäscheleine ausgebreitet und einige Stunden lang gelüftet werden.

Suchen Sie den Stoff dabei nach Flecken ab. Mit einem nur leicht feuchten Schwamm und etwas Handwaschmittel lassen sie sich meist gut auswaschen. Wenn die Vorhänge völlig trocken sind, werden sie wieder aufgehängt.

AUF DIE SCHNELLE

Teppichpflege

10 TIPPS

»Schuhe aus!« heißt die Regel in vielen Haushalten. In anderen trägt man lieber die Konsequenzen, als die Gäste zu belästigen. So oder so sollten Sie Ihre Teppiche und Auslegeware regelmäßig saugen und Flecken möglichst bald finden und entfernen.

1 TEPPICHUNTERLAGEN VERLEGEN
Verwenden Sie beim Verlegen von neuen Teppichböden eine Unterlage aus Schaumstoff oder Filz. So ist der Teppich gut abgepolstert, nimmt den Schmutz nicht so tief auf und lässt sich besser absaugen.

2 AUFGEROLLTE RÄNDER GLÄTTEN
Hochstehende Teppichränder sind gemeine Stolperfallen. Um sie zu glätten, legen Sie ein feuchtes Leinen- oder Baumwolltuch darüber und bügeln es auf kleinster Stufe, aber mit kräftigem Druck.

3 FUSSMATTEN VERWENDEN
An jedem Eingang sollten Fußmatten liegen, am besten sogar je eine vor und hinter der Tür. So gelangt viel weniger Schmutz ins Haus, der sich sonst unweigerlich in den Teppichen festsetzt.

4 VORHÄNGE SCHLIESSEN
Wenn Sie den Eindruck haben, dass Ihr Lieblingsteppich beginnt auszubleichen, dann halten Sie an sonnigen Tagen und wenn sie ohnehin nicht im Raum sind, die Vorhänge oder Rollos geschlossen.

10 TIPPS ZUR TEPPICHPFLEGE

5 **MÖBEL TRAGEN STATT SCHIEBEN**
Schieben Sie keine schweren Möbelstücke über Teppiche und Teppichböden, das beschädigt den Flor. Besser: Auf Hilfe warten und die Möbel wenigstens zu zweit tragen.

6 **REGELMÄSSIG DREHEN**
Wenn Sie ihre Teppiche regelmäßig drehen, nutzen sie sich gleichmäßiger ab und Druckstellen gleichen sich wieder aus. Auch ungleichmäßiges Ausbleichen lässt sich so verhindern (siehe Tipp 4).

7 **DER KLASSIKER: TEPPICHE KLOPFEN**
Ein paar Mal im Jahr ist es an der Zeit, die Teppiche an einem schönen, windigen Tag im Freien aufzuhängen und mit einem Teppichklopfer, Besen oder Tennisschläger gründlich auszuklopfen.

8 **HÄUFIG SAUGEN**
Schmutz und Staub lassen Teppiche und Teppichböden schnell schmuddelig und abgenutzt aussehen. Wenn Sie es so weit nicht kommen lassen wollen, saugen Sie einmal pro Woche gründlich.

9 **MÖGLICHST NICHT WASCHEN**
Falls die Pflegeanleitung Ihres Teppichs nicht ausdrücklich dazu rät, sollten Sie ihn möglichst nicht waschen. Einzelne Flecken entfernen Sie am besten mit warmem Wasser und Teppichshampoo.

10 **NICHT ZU OFT REINIGEN LASSEN**
Die professionelle Teppichreinigung beansprucht die Fasern. Vermeiden Sie deshalb starke Verschmutzung und saugen Sie häufig, dann genügt es, den Teppich höchstens alle drei Jahre reinigen zu lassen.

AUF DIE SCHNELLE

10 MIN. Jalousien reinigen

Es sieht komplizierter aus, als es ist, und es dauert auch gar nicht lange: Alles, was Sie brauchen, um Staub und Dreck an den Jalousien problemlos zu entfernen, ist ein Staubsauger und ein feuchtes Tuch. Dafür müssen Sie die Jalousien nicht einmal abhängen.

DAZU BRAUCHEN SIE:
Staubsauger mit Staubbürste
Mikrofasertuch
Allzweckreinigerspray

→1

Lassen Sie die Jalousie ganz herunter und schließen Sie die Lamellen. Dann fixieren Sie die Jalousie mit einer Hand und streichen bei niedriger Saugkraft sanft mit der Staubbürste an den Lamellen entlang.

→2

Öffnen Sie die Lamellen und saugen Sie die Jalousie noch einmal ab, wieder entlang der Lamellen. Dieses Mal versuchen Sie, mit der Bürste möglichst tief in alle Ecken und Winkel zu gelangen.

JALOUSIEN REINIGEN

Schnellreinigung für andere Sichtblenden

Vertikallamellen säubert man zwischendurch am besten bei niedriger Saugkraft mit der Staubbürste des Staubsaugers.

Nicht waschbare Rollos werden ebenfalls mit der Staubbürste des Staubsaugers gereinigt. Von Zeit zu Zeit nimmt man sie ab, legt sie auf eine saubere, flache Unterlage und saugt auch die Rückseite.

Waschbare Rollos reinigt man mit einem gründlich ausgedrückten Schwamm und Polsterreiniger. Danach mit einem nassen Schwamm auswaschen, trocken abreiben und leicht feucht wieder aufhängen.

Holzjalousien kann man mit der Staubbürste saugen oder mit einem über die Hand gezogenen Socken trocken abwischen.

→ 3

Reiben Sie die geöffneten Lamellen mit einem feuchten Mikrofasertuch oder einem über die Hand gestülpten Socken ab. Dabei achten Sie darauf, dass Sie die Lamellen nicht verbiegen oder knicken.

→ 4

Schließen Sie die Lamellen wieder. Falls jetzt noch Flecken zu sehen sind, sprühen Sie etwas Allzweckreiniger auf die betroffenen Stellen und reiben mit einem feuchten Mikrofasertuch darüber.

AUF DIE SCHNELLE

Fenster: Schnellreinigung

Man muss Fenster nicht jedes Mal gründlich putzen, meist reicht auch eine schnelle Reinigung der Scheiben. Je häufiger man das macht, desto schneller geht es. Fensterrahmen und -bretter nehmen Sie sich dann ein- bis zweimal im Jahr vor.

DAZU BRAUCHEN SIE:

Messbecher
Sprühflasche
Branntweinessig
Schwamm
Mikrofasertuch

→1

Stellen Sie eine Lösung her aus einem Teil Branntweinessig und vier Teilen Wasser. Diese Mischung füllen Sie in eine saubere, leere Sprühflasche. Das reinigt mindestens so gut wie ein gekaufter Glasreiniger.

→2

Zuerst wässern Sie einen Schwamm, drücken ihn gründlich aus und entfernen damit vorab den gröbsten Schmutz auf den Scheiben, zum Beispiel Fingerabdrücke und Fliegendreck.

FENSTER: SCHNELLREINIGUNG

AKTIONSPLAN

VORHER → Möbel zur Seite schieben, damit die Fenster gut zugänglich sind.

WÄHREND DER ARBEIT → Die Essiglösung nur sparsam aufsprühen, sonst dauert das Abreiben und Polieren umso länger.

DANACH → Den Schwamm vor dem Wegräumen gründlich ausspülen und trocknen lassen.

Spiegelschnellreinigung

Im Handumdrehen auf Hochglanz bringen Sie Ihren Spiegel mit einem Mikrofasertuch, das Sie in klarem Wasser spülen und gut auswringen. Für sehr schmutzige Spiegel verwenden Sie einen Schwamm, warmes Wasser und etwas Spülmittel. Danach polieren Sie die Fläche in beiden Fällen mit einem trockenen Mikrofasertuch.

Anschließend sprühen Sie die Essiglösung auf einen Teil der ersten Scheibe und verreiben sie sorgfältig. Wichtig: Der Schwamm muss immer wieder in klarem Wasser ausgewaschen und gründlich ausgedrückt werden.

Bevor sich Schlieren bilden können, reiben Sie den geputzten Teil des Fensters mit einem sauberen Mikrofasertuch trocken. Danach sprühen Sie den nächsten Fensterteil ein und putzen so die Scheiben Stück für Stück.

🪣 AUF DIE SCHNELLE

25 MIN. Fenster: Grundreinigung

Ein- bis zweimal jährlich ist es Zeit, die Fenster gründlich zu putzen – und dazu gehören auch die Rahmen. Das geht schneller, als Sie vielleicht meinen und danach können Sie sich monatelang an sauberen Fenstern erfreuen.

DAZU BRAUCHEN SIE:

Mikrofasertücher
Waschschüssel
Chlorreiniger
Putzlappen, Eimer
Branntweinessig, Schwamm

→1

Zuerst stauben Sie die Rahmen ab, am besten mit einem trockenen Mikrofasertuch. Vor allem Spinnweben werden dabei entfernt und zwar an allen Rahmen, sowohl waagerecht als auch senkrecht sowie in den Ecken.

→2

Danach wischen Sie die Rahmen einmal mit einem weichen, feuchten Tuch. Anschließend mischen Sie einen Teil Chlorreiniger mit drei Teilen Wasser und wischen damit die Rahmen ein zweites Mal, um Schimmel zu entfernen.

FENSTER: GRUNDREINIGUNG

BEVOR SIE LOSLEGEN

HANDTÜCHER UNTERLEGEN → Unter den Fenstern ausgelegte Handtücher schützen die Böden vor Wassertropfen.

MÖBEL VERRÜCKEN → Nur wenn alles aus dem Weg geräumt ist, haben Sie leicht und sicher Zugang zu den Fenstern.

TRITTLEITER HOLEN → Für hohe Fenster ist eine kippsicher aufgestellte Leiter nötig.

Extra-Tipps

Hartnäckige Flecken entfernt man mit Brennspiritus. Dazu geben Sie den Spiritus unverdünnt direkt auf einen Lappen, danach wischen Sie mit einem sauberen Lappen und Wasser nach.

Zum Polieren in Schritt 4 kann man auch zerknülltes Zeitungspapier verwenden, eine altmodische, aber bewährte Technik.

→3

Füllen Sie eine 1:4-Lösung Essigwasser in einen Eimer. Tauchen Sie den Schwamm hinein, drücken Sie ihn gründlich aus und wischen Sie eine Scheibe damit von oben nach unten ab. Zwischendurch den Schwamm ausspülen.

→4

Damit sich keine Streifen und Schlieren auf den schnell trocknenden Scheiben bilden, polieren Sie sie zügig mit einem trockenen Mikrofasertuch. Auch dabei arbeiten Sie wieder von oben nach unten.

 AUF DIE SCHNELLE

20 MIN. Blitzputz in der Küche

Die Küche gründlich von oben bis unten und in den Schränken zu putzen, kann leicht einen ganzen Tag dauern. Das Wichtigste schaffen Sie aber mit System, etwas Routine und konzentrierter Arbeit schon in 20 Minuten. Dieser 10-Punkte-Plan zeigt Ihnen wie.

1 SCHMUTZIGES GESCHIRR SPÜLEN
Zuerst schabt man die Essensreste in die Bio- oder Restmülltonne. Dann wird die Spülmaschine beladen oder der Abwasch gemacht. So kann das Geschirr trocknen, während Sie den Rest erledigen.

2 VERKRUSTETE TÖPFE UND PFANNEN EINWEICHEN
Eingebrannte oder verkrustete Essensreste weicht man mit heißem Wasser und einem Spritzer Spülmittel ein. Für eiweißhaltige Reste nimmt man kaltes Wasser.

3 DAS KOCHFELD PUTZEN
Ein feuchter Schwamm und ein Spritzer Allzweckreiniger beseitigen die meisten beim Kochen entstandenen Spritzer. Für hartnäckigere Flecken nehmen Sie etwas Scheuermilch oder Spezialreiniger.

4 SICH NICHT ABLENKEN LASSEN
Jetzt nicht in Versuchung kommen, auf die Schnelle Schränke und Schubladen aufzuräumen. Beschränken Sie sich darauf, alles, was offen herumliegt, zurück an seinen Platz zu stellen.

BLITZPUTZ IN DER KÜCHE

5 NAHRUNGSMITTEL WEGRÄUMEN
Leicht Verderbliches kommt in passende Gefäße und in den Kühlschrank. Offene Packungen von haltbaren Lebensmitteln müssen dicht verschlossen werden, bevor man sie im Vorratsschrank verstaut.

6 VERSTREUTE FUNDSTÜCKE EINSAMMELN
In der Küche sammelt sich immer viel Kram an. Alles, was eigentlich in andere Zimmer gehört, wird in einem Korb gesammelt und jemandem übergeben, der sich ums Wegräumen kümmert.

7 ARBEITSFLÄCHEN UND TISCHE ABWISCHEN
Jetzt geht es nicht um gründliche Reinigung: Kurz mit einem feuchten Tuch und einem Spritzer Allzweckreiniger darüberwischen genügt, um Krümel, Spritzer und Flecken zu entfernen.

8 DEN MÜLL RAUSBRINGEN
Um Gerüchen vorzubeugen, bringen Sie den Müll raus und hängen einen frischen Beutel in die Tonne. Flaschen, Zeitungen, Verpackungen und anderes Recyclingmaterial kommt in die entsprechenden Tonnen.

9 FEGEN
Für eine schnelle Tour mit dem Besen reicht die Zeit immer. Sammeln Sie den losen Dreck auf einem Haufen, dann können Sie ihn mühelos mit Kehrschaufel und Handfeger aufnehmen und verschwinden lassen.

10 STAUBSAUGEN ODER WISCHEN
Wenn jetzt noch Zeit ist, dann reinigen Sie den Boden etwas gründlicher: Entweder mit dem Staubsauger und der Bodendüse oder, noch besser, aber etwas aufwändiger, indem Sie feucht wischen.

AUF DIE SCHNELLE

Arbeitsflächen reinigen

5 MIN.

Auf der Arbeitsfläche sammeln sich leicht Bakterien an, deswegen sollte man sie konsequent sauber halten. Antibakterielle Reinigungsmittel sind überflüssig, wenn Sie einmal pro Woche wie hier gezeigt mit heißem Wasser und Allzweckreiniger putzen.

DAZU BRAUCHEN SIE:

Spülmittel
Schwamm
Mülleimer
Allzweckreinigerspray
Mikrofasertuch

→1

→2

Bevor es losgeht, räumen Sie Arbeitsflächen und Spüle frei. Anschließend füllen Sie die Spüle mit heißem Wasser und einem Spritzer Spülmittel oder Allzweckreiniger.

Groben Schmutz und Krümel wischen Sie mit einem in das heiße Seifenwasser getauchten und ausgedrückten Schwamm auf. Anschließend schütteln Sie ihn über dem Mülleimer aus und waschen ihn aus.

ARBEITSFLÄCHEN REINIGEN

WAS WIE OFT

TÄGLICH → Krümel und Spritzer abwischen, damit sich kein Dreck ansammelt.

WÖCHENTLICH → Wie hier gezeigt putzen. Zusätzlich Schwämme und Lappen in heißem Seifenwasser waschen, Geschirrtücher wechseln und Abtropfgitter schrubben.

MONATLICH → Elektrische Geräte ausstecken und mit einem feuchten Tuch wischen.

Extra-Tipps

Fugen von gekachelten Arbeitsflächen bekommen Sie mit einer alten Zahnbürste und einer 1:4-Lösung aus Chlorreiniger und Wasser hygienisch sauber.

Arbeitsflächen aus Granit oder Schiefer sehen zwar robust aus, verkratzen aber leicht. Reinigen Sie sie nicht mit dem Scheuervlies des Spülschwamms.

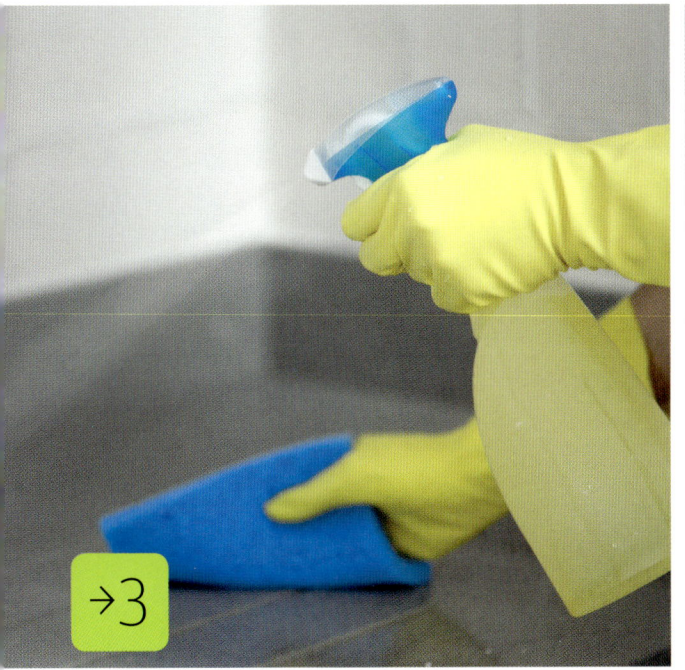

→3

Sprühen Sie die Fläche mit Allzweckreiniger ein und wischen Sie mit dem Schwamm darüber. Je besser der Schwamm ausgedrückt wurde, desto gründlicher kann er die Spraytröpfchen aufnehmen.

→4

Mit einem sauberen Mikrofasertuch wird die Arbeitsfläche zum Schluss trockengerieben. Das bringt sie nicht nur zum Glänzen, Sie entfernen damit zugleich auch die letzten Reste des Putzmittels.

AUF DIE SCHNELLE

5 MIN. Küchenböden wischen

Der Küchenboden wird ständig beansprucht und verschmutzt schnell. Einmal pro Woche gründlich putzen reicht trotzdem in den meisten Fällen. Mit dieser schnellen Wischmopptechnik ist er in Windeseile blitzblank und keimfrei.

DAZU BRAUCHEN SIE:

Staubsauger mit Hartbodendüse

Eimer mit Auswringer

Reinigungsmittel passend für den jeweiligen Boden

Wischmopp

→1

→2

Vor dem Wischen entfernen Sie losen Schmutz von der Oberfläche. Am gründlichsten geht das mit Staubsauger und Hartbodendüse, aber auf die Schnelle bekommen Sie es auch mit dem Besen gut hin.

Füllen Sie den Eimer zur Hälfte mit warmem Wasser und geben Sie die dafür empfohlene Menge Ihres Bodenreinigungsmittels dazu. Welches Mittel sich eignet, hängt vom Bodenbelag ab – Fliesen, Stein, Holz oder Kunststoff.

KÜCHENBÖDEN WISCHEN

AKTIONSPLAN

VORHER → So geht's schneller: Bewegliche Möbel und Gegenstände beiseiteräumen.

WÄHREND DER ARBEIT → Vom hinteren Ende der Küche zur Tür hin wischen, sonst tritt man auf den noch nassen Boden.

DANACH → Um Abdrücke und neuen Dreck zu vermeiden, die Küche erst wieder betreten, wenn der Boden getrocknet ist.

Extra-Tipps

Auch für Laminatböden eignet sich die hier gezeigte Technik, dazu sollte der Mopp aber noch kräftiger ausgedrückt und nur nebelfeucht sein. Zuviel Feuchtigkeit schadet der Oberfläche.

Steinböden müssen regelmäßig versiegelt werden, sonst bekommen sie beim Wischen Wasserflecken.

→3

Tauchen Sie den Mopp in den Eimer und wringen Sie ihn gründlich aus. Dann wischen Sie in elliptischen Bewegungen über den Boden. Zwischendurch waschen und wringen Sie den Mopp immer wieder im Eimer aus.

→4

Falls Ihr Reiniger mit klarem Wasser nachgewischt werden muss, spülen Sie den Mopp aus, füllen den Eimer mit kaltem Wasser und gehen mit der in Schritt 3 beschriebenen Technik nochmals über die gesamte Fläche.

AUF DIE SCHNELLE

Für den Ofen

Egal ob Elektro- oder Gasbackofen, ob Umluft, Mikrowelle oder konventionelles Gerät: Am besten hält man den Backofen sauber, indem man ihn nach jedem Einsatz mit einem feuchten Lappen auswischt. Von Zeit zu Zeit braucht er dann aber doch eine Grundreinigung – und dafür brauchen Sie die hier gezeigten Helfer. Einfacher haben Sie es mit einem selbstreinigenden Backofen, da genügt es, regelmäßig die Aschereste herauszuwischen.

KÜCHENPAPIER
Damit lässt sich die Natronpaste am besten im schmutzigen Ofen auftragen und verreiben.

SCHEUERSPIRALE
Entfernt kraftvoll eingebrannte Essensreste von Elektroplatten, Ofen- und Gasherdgittern.

SCHÄLCHEN
Das brauchen Sie, um Natron mit Wasser zu einer dicken Scheuerpaste anzurühren.

NATRON
Da Natron mild alkalisch wirkt, löst es Fett ganz ohne scharfe Chemikalien. Mit etwas Wasser zu einer Paste angerührt lässt es sich gut auftragen. Natronpaste ist nicht für selbstreinigende Öfen geeignet.

FÜR DEN OFEN

SCHEUERMILCH
Perfekt, um unkompliziert den Fettfilm auf den Außenseiten des Ofens zu entfernen und das Kochfeld zu putzen.

OFENREINIGER
Lange vernachlässigte Backöfen bringt man nur mit einem Spezialreiniger wieder zum Glänzen.

ALUFOLIE
Wenn Sie den beim Putzen im Ofen herabfallenden Schmutz auf Alufolie auffangen, sparen Sie viel Zeit.

VOLLWASCHMITTEL
Eine Geheimwaffe zum Einweichen der Ofengitter; so geht das Abschrubben schnell und mühelos.

SCHWÄMME MIT SCHEUERVLIES
Mit der weichen Seite der Schwämme wischen Sie lose Krümel ab, die rauhe löst auch eingebrannten Schmutz.

GUMMIHANDSCHUHE
Vor allem bei der Verwendung von aggressiven Ofenreinigern sollten Sie Ihre Hände schützen.

 AUF DIE SCHNELLE

10 TIPPS Backofengrundreinigung

Wenn Sie Ihren Ofen längere Zeit vernachlässigt haben, brauchen Sie einen speziellen Ofenreiniger, um Ruß und Schmutz wieder wegzubekommen. Halten Sie sich dabei an die Gebrauchsanweisung und die folgenden Tipps – die Mittel sind aggressiv!

1 GEBRAUCHSANWEISUNG BEACHTEN
Viele chemische Reinigungsprodukte enthalten Natriumhydroxid (Ätznatron). Es kann die Haut verätzen, die Augen reizen und die Lungen schädigen. Daher: Gut lüften und die Gebrauchsanweisung beachten!

2 GUMMIHANDSCHUHE TRAGEN
Vom Auftragen des Ofenreinigers bis hin zum Auswischen: Machen Sie keinen Arbeitsschritt mit bloßen Händen! Wenn Sie fertig sind, spülen Sie die Gummihandschuhe gründlich mit heißem Wasser ab.

3 KINDER FERNHALTEN
Während der Einwirkzeit braucht man nicht in der Nähe zu sein. Nehmen Sie vor allem kleinere Kinder mit nach draußen, das verringert das Risiko, dass sie mit dem Reiniger in Berührung kommen.

4 DEN FUSSBODEN SCHÜTZEN
Da heruntertropfender Ofenreiniger den Fußboden beschädigen kann, ist es sinnvoll, vor dem Backofen mehrere Lagen Zeitungspapier auszubreiten, bevor Sie mit dem Putzen beginnen.

10 TIPPS ZUR BACKOFENGRUNDREINIGUNG

5 **SORGFÄLTIG LÜFTEN**
Alle Küchenfenster und nach Möglichkeit auch die Türen öffnen. Nur wenn die Küche während der Anwendung des Ofenreinigers ausgiebig gelüftet wird, können die schädlichen Dämpfe zügig abziehen.

6 **DIE HAUT SCHÜTZEN**
Tragen Sie langärmelige Kleidung und vermeiden Sie, dass der Reiniger bei der Anwendung auf Ihre Haut spritzt. Falls es doch passiert: Sofort mit Seife und viel Wasser abwaschen.

7 **DIE AUGEN SCHÜTZEN**
Manche Hersteller empfehlen, bei der Anwendung ihrer Reiniger Schutzbrillen zu tragen. Sollte einmal etwas ins Auge gehen, müssen Sie es sofort mit viel Wasser auswaschen und notfalls zum Arzt gehen.

8 **OFENGITTER REINIGEN**
Die meisten Ofenreiniger eignen sich auch für die Gitter. Starke Verkrustungen kratzen Sie nach dem Einwirken des Mittels am besten mit einem Schaber ab. Danach gründlich abreiben und spülen.

9 **PAPIERTÜCHER VERWENDEN**
Um den Reiniger nach der Anwendung wieder abzureiben, sollten Sie keine Lappen und Tücher aus dem Haushalt verwenden. Am besten eignet sich Papier von der Küchenrolle.

10 **DANACH GRÜNDLICH AUSWASCHEN**
Nach dem Ausreiben wischen Sie den Backofen mehrfach und gründlich mit einem Lappen und warmem Wasser aus. Der Reiniger muss wirklich vollständig entfernt werden, damit kein Gift ins Essen gelangt.

AUF DIE SCHNELLE

Backöfen putzen

15 MIN.

Wenn der Ofen erst mal richtig dreckig ist, gibt es kaum Alternativen zur chemischen Keule. So weit kommt es gar nicht, wenn Sie regelmäßig die folgende Putztechnik anwenden. Das spart nicht nur schädliche Chemikalien, sondern unterm Strich auch Zeit.

DAZU BRAUCHEN SIE:
Schwämme und Spülmittel
Schälchen zum Anrühren der Paste
Natron
Küchenrolle
Waschschüssel

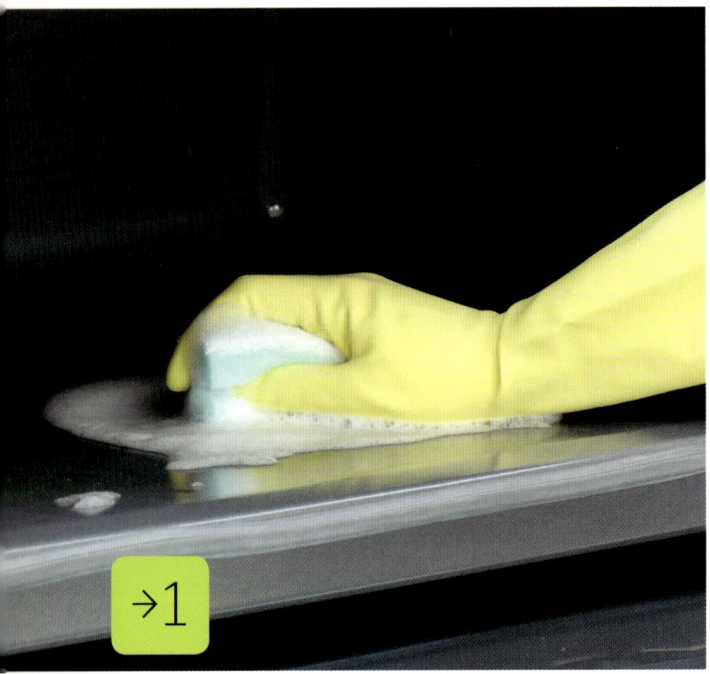

→1

→2

Tauchen Sie den Spülschwamm in Spülwasser und wischen Sie mit seiner weichen Seite den losen Schmutz aus dem Ofen. Vermutlich müssen Sie den Schwamm zwischendurch ausspülen und diesen Schritt mehrfach wiederholen.

Aus Natron und etwas Wasser rühren Sie in einem Schälchen eine Paste an. Mit einem Stück Küchenrolle tragen Sie die Paste im Ofeninneren auf und lassen sie einige Zeit einwirken, am besten über Nacht.

BACKÖFEN PUTZEN

BEVOR SIE LOSEGEN

ABSCHALTEN → Nach Möglichkeit sollten Sie die Stromzufuhr unterbrechen.

ABKÜHLEN LASSEN → Erst mit dem Putzen beginnen, wenn Sie das Innere auch mit bloßen Händen anfassen können.

GITTER HERAUSNEHMEN → So haben Sie mehr Platz zum Arbeiten. Wie man die Ofengitter reinigt, sehen Sie auf Seite 50–51.

Chemische Ofenreiniger

Spezialreiniger sind giftig, deshalb muss man einige Sicherheitregeln beachten (siehe Seite 46–47): Lesen Sie aufmerksam die Gebrauchsanweisung, schützen Sie die Haut vor Spritzern, lüften Sie gründlich, decken Sie den Fußboden ab, reiben Sie den Ofenreiniger nach der vorgeschriebenen Einwirkzeit sorgfältig wieder ab und waschen Sie den Ofen aus.

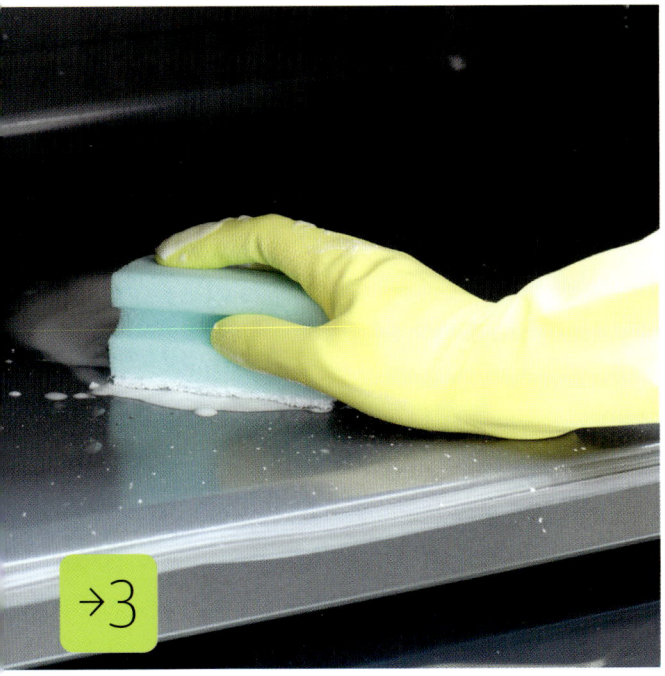

→3

Drücken Sie den Spülschwamm in klarem, warmem Wasser aus und schrubben Sie das Innere des Ofens damit. Für Stellen mit eingebranntem Schmutz verwenden Sie die Seite mit dem sanften Scheuervlies.

→4

Danach füllen Sie die Spülschüssel mit sauberem, warmem Wasser und wischen den gelösten Schmutz und die Reste der Paste sorgfältig mit einem Schwamm ab, den sie zwischendurch im Wasser auswaschen.

AUF DIE SCHNELLE

5 MIN. Ofengitter schrubben

Eingebranntes Fett und Essensreste am Ofengitter entfernt man nach demselben Prinzip wie bei Töpfen (siehe Seite 114–115). Wenn Sie die Gitter zuvor einige Zeit in Waschlauge einweichen, geht das eigentliche Schrubben ganz einfach.

DAZU BRAUCHEN SIE:
Waschmittel
Scheuerspirale

→1

Füllen Sie die Spüle mit heißem Wasser und geben Sie eine Deckelfüllung flüssiges Waschmittel dazu. Darin weichen Sie die Gitter einzeln ein, vermutlich müssen Sie sie dazu diagonal in die Spüle hineinstellen.

→2

Nach etwa 15 Minuten drehen Sie die Gitter um, so dass die andere Hälfte eingeweicht wird. Auch dafür sollten Sie wieder etwa 15 Minuten einkalkulieren. Am besten wirkt es, wenn Sie dabei heißes Wasser nachfüllen.

OFENGITTER SCHRUBBEN

WAS WIE OFT

TÄGLICH → Nach jedem Gebrauch des Backofens verbrannte Essensreste mit den Fingern von den abgekühlten Gittern klauben.

WÖCHENTLICH → Die noch warmen Gitter mit einem feuchten Lappen abreiben, um das gröbste Fett zu entfernen.

MONATLICH → Die Gitter aus dem Ofen nehmen und wie hier beschrieben putzen.

Extra-Tipp

Lange vernachlässigte Gitter sprühen Sie im Freien mit Backofenreiniger ein. Zum Einwirken stecken Sie sie in einen Müllsack, den Sie einige Stunden lang im Freien stehen lassen. Anschließend spülen Sie die Gitter in der Spüle unter fließendem Wasser ab. Zum Schluss werden sie gründlich in warmem Wasser und Spülmittel gewaschen.

→3

Mit der Scheuerspirale schrubben Sie zunächst die zuerst eingeweichte Hälfte und zwar Stab für Stab auf der Vorder- und anschließend auf der Rückseite. Dann drehen Sie das Gitter um und putzen die zweite Hälfte.

→4

Lassen Sie das Wasser aus der Spüle ab und waschen Sie den gelösten Schmutz unter fließendem Wasser auf beiden Seiten des Gitters gründlich ab. Bevor es zurück in den Ofen kommt, muss das Gitter vollständig trocknen.

AUF DIE SCHNELLE

15 MIN. Kühlschrank auswaschen

Wischen Sie Spritzer und Kleckse immer sofort ab. So wird Ihr Kühlschrank gar nicht erst richtig schmutzig und es breiten sich keine üblen Gerüche darin aus. Die hier gezeigte Grundreinigung geht dann ganz fix und wird nur alle paar Wochen fällig.

DAZU BRAUCHEN SIE:

Spülmittel, Schwämme

Messbecher

Natron

Sprühflasche

Waschschüssel

→1

Alle Ablagen und Schubfächer nehmen Sie zum Putzen heraus. Sie werden in der Spüle in warmem Spülwasser mit einem Schwamm gewaschen und anschließend sorgfältig trocken gerieben.

→2

Aus zwei Esslöffeln Natron und einem Liter warmem Wasser stellen Sie in der Sprühflasche eine Reinigungslösung her. Damit und mit einem Schwamm entfernen Sie Flecken an den Innenwänden des Kühlschranks.

KÜHLSCHRANK AUSWASCHEN

BEVOR SIE LOSLEGEN

ABSCHALTEN → und den Stecker ziehen. Wasser und Elektrizität vertragen sich nicht.

AUSRÄUMEN → und den Inhalt im Keller oder in einer Kühlbox zwischenlagern.

RÜCKWAND REINIGEN → Dazu das abgeschaltete Gerät vorziehen und mit der Staubbürste das Metallgitter absaugen. Die Ablauföffnung mit Wattestäbchen putzen.

Extra-Tipps

Für frischen Duft im Kühlschrank streuen Sie etwas Natron auf eine halbe Zitrone und legen sie in den Kühlschrank. Nach einigen Wochen kann man sie durch eine frische ersetzen.

Scheuerschwämme und scharfe Putzmittel eignen sich weder für die Front noch für das Innere des Kühlschranks. Am besten sind Schwammtuch und Spüli.

→3 Füllen Sie eine Waschschüssel mit warmem Wasser und einem Spritzer Spülmittel und stellen Sie sie in den Kühlschrank. Nun können Sie ihn mit einem weichen Schwamm gründlich auswaschen.

→4 Nachdem auch die Innenwände trocken gerieben wurden, können Sie Ablagen und Schubfächer wieder einsetzen. Zum Schluss schalten Sie den Kühlschrank wieder an und räumen ihn ein.

 AUF DIE SCHNELLE

Wasserkessel entkalken

5 MIN.

Ein verkalkter Wasserkessel funktioniert nicht mehr effizient, außerdem beeinträchtigt der Kalk den Geschmack von vielen heißen Getränken. Hier zeigen wir Ihnen, wie Sie Kessel und elektrische Wasserkocher umweltfreundlich entkalken.

DAZU BRAUCHEN SIE:
- Messbecher
- Branntweinessig
- 1/2 Zitrone
- Mikrofasertuch
- Spülmittel

→1

In einem Messbecher mischen Sie Wasser und Essig zu gleichen Teilen. Damit füllen Sie den Kessel oder den elektrischen Wasserkocher gerade so weit, dass die Flüssigkeit nicht überkochen kann.

→2

Bringen Sie die Flüssigkeit zum Kochen und lassen Sie sie anschließend mindestens 2 Stunden, am besten aber über Nacht einwirken. Danach schütten Sie das Essigwasser einfach in den Abguss.

WASSERKESSEL ENTKALKEN

WAS WIE OFT

TÄGLICH → Den Kessel jeden Abend, am besten sogar nach jedem Gebrauch vollständig leeren, damit sich weniger Kalk absetzt.

WÖCHENTLICH → Bei jeder Reinigung der Arbeitsfläche auch einmal kurz über das Äußere des Kessels wischen.

MONATLICH → Wie unten beschrieben entkalken und gründlich reinigen.

Schneller mit Entkalker

Spezielle Entkalker wirken schnell, können aber Haut und Augen reizen. Füllen Sie den Kessel zur Hälfte mit Wasser und bringen Sie es zum Kochen. Dann den Stecker ziehen, beziehungsweise den Kessel vom Herd nehmen und den Entkalker nach Packungsanweisung anwenden. Danach bringen Sie noch eine Füllung Wasser zum Kochen und schütten es weg.

→3

Spülen Sie den Kessel mehrmals gründlich mit sauberem Wasser aus, dann bringen Sie eine Füllung Wasser zum Kochen und schütten sie wieder weg. Sollte dieses Wasser noch nach Essig riechen, wiederholen Sie den Schritt.

→4

Reiben Sie das Äußere des Kessels mit der Schnittfläche einer halbierten Zitrone ab und wischen Sie mit einem in Spülwasser ausgedrückten Mikrofasertuch darüber. Anschließend reiben Sie den Kessel trocken.

AUF DIE SCHNELLE

Fleckige Becher säubern

Kaffee und die im Tee enthaltenen Tannine sind natürliche Färbemittel. Kein Wunder, dass Becher und Tassen oft unschöne Verfärbungen bekommen. Glücklicherweise gehen sie mit dieser unkomplizierten Methode schnell wieder weg.

DAZU BRAUCHEN SIE:

Natron
eine alte Zahnbürste
Spülschwamm
Spülmittel

→1

→2

Streuen Sie etwas Natron in den fleckigen Becher und gießen Sie so viel kochendes Wasser dazu, dass die Flecken unter Wasser stehen. Anschließend lassen Sie diese Lauge 30 Minuten lang einwirken.

Schütten Sie die Flüssigkeit ab und schrubben Sie die Flecken mit einer alten Zahnbürste und den Natronresten im Becher. Achten Sie dabei darauf, bis zum Boden des Bechers hinunter alle Flecken zu entfernen.

FLECKIGE BECHER SÄUBERN

WAS WIE OFT

TÄGLICH → Tee- und Kaffeereste nicht stehen lassen, sondern ausleeren und die Becher möglichst bald spülen.

WÖCHENTLICH → Becher, die leicht fleckig werden, mit einer Spülbürste schrubben.

MONATLICH → Fleckig gewordene Becher wie unten gezeigt reinigen.

Extra-Tipps

Statt Natron können Sie auch eine 1:1-Mischung aus kochendem Wasser und Branntweinessig verwenden. Einfach über Nacht einweichen, mit einem Schwamm auswischen und anschließend spülen.

Besonders hartnäckige Flecken bekommen Sie mit einem Teelöffel Chlorreiniger und kochendem Wasser weg. Nach 5 Minuten Einwirkzeit gründlichst ausspülen.

→3

Falls einige Flecken sich nicht vollständig entfernen lassen, reiben Sie sie behutsam mit dem sanften Scheuervlies eines Spülschwamms weg. Achten Sie darauf, die Glasur des Bechers nicht zu beschädigen.

→4

Sobald alle Flecken weg sind, waschen Sie den Becher wie gewohnt in warmem Wasser und Spülmittel, spülen mit klarem Wasser nach, trocknen ihn ab und räumen ihn bis zur nächsten Kaffeepause weg.

🪣 AUF DIE SCHNELLE

Recycling

Ein Großteil der Abfälle aus der Küchen kann recycelt oder kompostiert werden. Das schont die Umwelt, die Restmülltonne quillt nicht so schnell über und bleibt obendrein frei von schnell verderblichem, nassem Biomüll. Recycling-Behälter gehören an einen leicht zugänglichen Ort, damit man nicht für jedes Teil einen Extraweg hat. Wenn in der Küche nicht genügend Platz dafür ist, dann vielleicht im Abstell- oder Hauswirtschaftsraum.

GLAS
Dafür brauchen Sie einen stabilen, wasserdichten Behälter. Damit er nicht so schnell verschmutzt, spülen Sie leere Gläser und Flaschen kurz aus.

PLASTIKTÜTEN
Platzsparende Behälter wie diesen kann man an oder in einen Küchenschrank hängen. Darin: jede Menge Tüten.

RECYCLING

BIOMÜLL
Wichtig für den Bioeimer: ein fest schließender Deckel und häufiges Leeren und Auswaschen.

METALL/KUNSTSTOFF
Verschmutzte Behälter sollte man kurz ausspülen, damit sie nicht stinken. Eventuell zerdrücken, um Platz zu sparen.

PAPIER UND PAPPE
Was hier hineinkommt, sollte trocken und sauber sein, sonst weicht es den Rest auf. Kartons werden vor dem Entsorgen flach zusammengelegt, damit sie weniger Platz einnehmen.

AUF DIE SCHNELLE

20 MIN. Blitzputz im Wohnzimmer

Im Wohnzimmer sammelt sich immer viel Kram an, trotzdem sind Unordnung und Schmutz hier meist nur oberflächlich – mit System und Routine, einem feuchten Tuch und dem Staubsauger bekommen Sie das in 20 Minuten wieder in den Griff.

1 FRISCHE LUFT HEREINLASSEN
Öffnen Sie ein paar Minuten lang weit die Fenster. Beim Stoßlüften wird die verbrauchte Luft am besten ausgetauscht. Zusätzlich können Sie Duftkerzen anzünden oder ätherische Öle verdampfen.

2 KRÜMEL UND FUSSELN BESEITIGEN
Sicher reicht die Zeit jetzt nicht, um Sofas und Sessel abzusaugen. Aber mit einem nur ganz leicht angefeuchteten Mikrofasertuch lassen sich Krümel und Fusseln auch auf die Schnelle entfernen.

3 UNTERHALTUNGSMEDIEN VERSTAUEN
Fernbedienungen, Spielkonsolen, CDs und DVDs sollten einen festen Platz haben und nicht offen herumliegen. Am besten sind sie in einer Schachtel oder Schublade aufgehoben, denn sie ziehen Staub an.

4 DEN FERNSEHER ABWISCHEN
Mit einem nur schwach feuchten Mikrofasertuch entfernen Sie im Handumdrehen Staub und klebrige Fingerabdrücke vom Bildschirm des Fernsehers. Gleiches gilt für die Stereoanlage.

BLITZPUTZ IM WOHNZIMMER

5 SPIELZEUG WEGRÄUMEN
Alles, was wieder einmal seinen Weg vom Kinder- ins Wohnzimmer gefunden hat, wandert in eine Kiste. Die bringt man zurück oder verstaut sie in einer Ecke. Was klebrig ist, wird rasch feucht abgewischt.

6 SPIEGEL PUTZEN
Saubere Spiegel bringen den ganzen Raum zum Glänzen. Mit einem schwach feuchten Mikrofasertuch geht es ganz fix. Für hartnäckigere Flecken braucht man unter Umständen einen Spritzer Spülmittel.

7 ALLE FLÄCHEN FREIRÄUMEN
Je systematischer man vorgeht, desto schneller wird es ordentlich: Gläser und Geschirr kommen in die Küche, Bücher ins Regal, Zeitschriften in einen Korb oder Stehsammler, Kleidung ins Schlafzimmer.

8 MÖBEL UND TEPPICHE GERADE RÜCKEN
Sofas, Sessel und Hocker schieben Sie zurück an ihre Plätze, die Sofakissen werden aufgeschüttelt, die Teppiche glattgezogen. Überwürfe justieren, Wohndecken legt man sauber gefaltet über die Sofalehne.

9 SCHNELL ABSTAUBEN
Konzentrieren Sie sich beim Abstauben mit einem feuchten Mikrofasertuch aufs Wesentliche: Bücherregale, Bilderrahmen und Lampenschirme sind die Hauptstaubfänger.

10 STAUBSAUGEN
Beim abschließenden Staubsaugen achten Sie besonders auf stark beanspruchte Bereiche wie den Eingang und den Platz vor dem Sofa. Wenn noch Zeit ist, saugen Sie auch hinter und unter dem Sofa.

AUF DIE SCHNELLE

10 MIN. Wände putzen

Lieber putzen als streichen: Wenn Sie die Wände einmal im Jahr absaugen und danach falls möglich auch abwischen, sammelt sich kaum hartnäckiger Schmutz darauf an. Das geht schneller als Sie meinen und erspart Ihnen lange Zeit den Maler.

DAZU BRAUCHEN SIE:

Staubsauger mit Staubbürste
zwei Eimer
Spülmittel
Schwamm
Handtuch

→1

Der erste Schritt nimmt schon den meisten Schmutz: Saugen Sie die Wände in überlappenden Streifen von oben nach unten mit der Staubbürste des Saugers ab. Zuvor hängen Sie die Bilder ab und rücken die Möbel beiseite.

→2

Füllen Sie einen Eimer mit warmem Wasser und einem Spritzer Spülmittel. Darin waschen Sie einen Schwamm und wringen ihn sehr sorgfältig aus: Herablaufendes schmutziges Wasser hinterlässt hässliche Streifen.

WÄNDE PUTZEN

Extra-Tipps

Tapeten werden wie unten gezeigt zunächst mit der Staubbürste des Saugers gereinigt (Schritt 1). Falls Sie nicht wissen, ob Ihre Tapete abwaschbar ist, befeuchten Sie sie an einer unauffälligen Stelle. Sobald sich die Tapete wellt oder die Farben ausbluten, wissen Sie, dass Sie es beim Saugen belassen müssen. Wenn nicht, folgen Sie den Schritten 2–4.

Hartnäckige Fettspritzer kann man an einer abwaschbaren Wand mit einer Mischung aus warmem Wasser und etwas Natron entfernen. Tauchen Sie einen Schwamm hinein, drücken Sie ihn sorgfältig aus und reiben Sie die Flecken damit ab. Danach wird das Natron mit einem sauberen Schwamm abgewaschen. Falls nötig, kann man den Vorgang wiederholen.

→3

Wischen Sie abwaschbare Wände von oben nach unten. Sobald das erste Stück sauber ist, waschen Sie den Schwamm im zweiten Eimer mit klarem Wasser aus und gehen erneut über die Stelle, um das Spülmittel zu entfernen.

→4

Gleich im Anschluss tupfen Sie das gesäuberte Stück mit einem Handtuch trocken, damit sich keine Streifen bilden. Sehr schmutzige Wände muss man nach dem Trocknen unter Umständen noch ein zweites Mal abwaschen.

AUF DIE SCHNELLE

Bildschirme reinigen

5 MIN.

Wie alle Elektrogeräte laden sich Fernseher und Bildschirme statisch auf und ziehen dadurch besonders viel Staub an. Der kann ins Innere gelangen und die Geräte beschädigen. Abstauben ist also doppelt sinnvoll und dauert nicht lange.

DAZU BRAUCHEN SIE:

Staubsauger mit Staubbürste

Mikrofasertücher

Spülmittel

→1

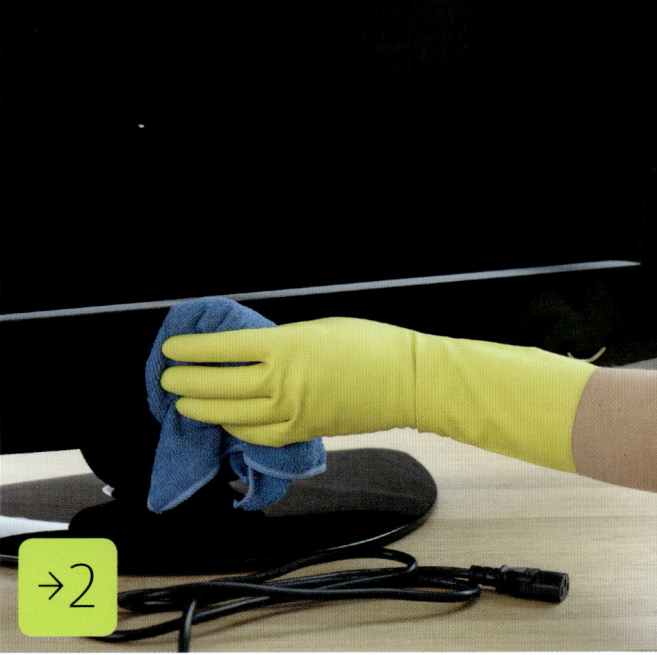

→2

Zuerst ziehen Sie den Netzstecker. Dann saugen Sie die Rückseite des Geräts ab. Besonders gründlich sollten Sie dabei das Lüftungsgitter reinigen, denn gerade hier gelangt leicht Staub ins Innere.

Waschen Sie ein Mikrofasertuch in klarem Wasser aus und wringen Sie es so gründlich wie möglich. Damit wischen Sie Staub und Schmutz vom Fernsehergehäuse, den Kabeln und Steckern.

BILDSCHIRME REINIGEN

WAS WIE OFT

TÄGLICH → Einmal kurz mit einem kaum feuchten Tuch über den Bildschirm wischen.

WÖCHENTLICH → Mit Staubsauger und Staubbürste von hinten saugen.

MONATLICH → Alle Elektrogeräte, also auch Fernbedienungen (siehe Kasten rechts), Spielkonsolen, CD- und DVD-Player mit einem kaum feuchten Tuch abwischen.

Fernbedienungen säubern

Mit einem minimal feuchten Tuch wischen Sie den Staub ab. Dabei darf auf keinen Fall Wasser ins Innere der Fernbedienungen gelangen.

Mit einem Wattestäbchen, das Sie in warmes Wasser und etwas Spülmittel tauchen und gründlich ausdrücken, können Sie auch den Schmutz zwischen den Tasten entfernen.

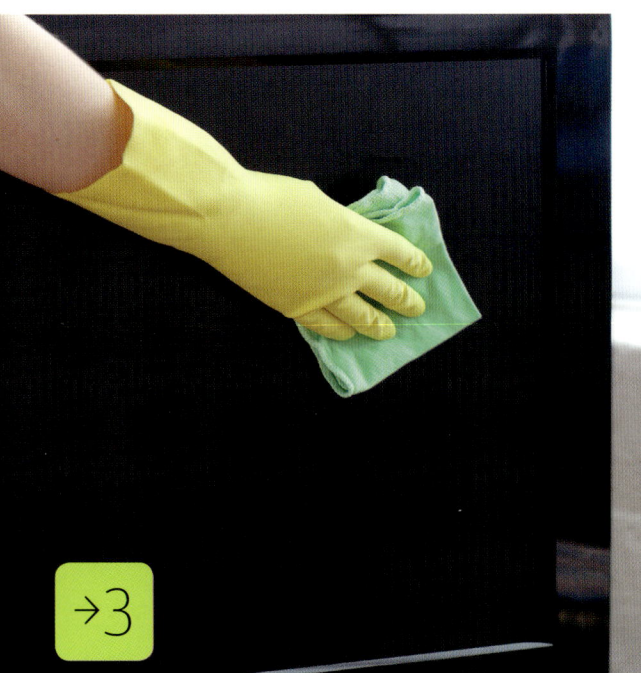

→3

Ein zweites Mikrofasertuch waschen Sie in Wasser und einem Spritzer Spülmittel. Nachdem Sie auch dieses Tuch sorgfältig ausgedrückt haben, entfernen Sie damit sanft den Staub und Schmutz auf dem Bildschirm.

→4

Anschließend reiben Sie den Bildschirm rasch mit einem trockenen Mikrofasertuch ab, damit sich keine Streifen darauf bilden. Am besten geht das, wenn Sie sanft von oben nach unten streichen.

AUF DIE SCHNELLE

Holzmöbel polieren

10 MIN.

Antiquitäten und andere Möbel aus Massivholz brauchen besondere Pflege. Eine schnelle Behandlung mit Bienenwachs nährt und schützt das Holz und bringt die Oberflächen zum Glänzen. Ein- bis zweimal jährlich Aufpolieren genügt vollkommen.

DAZU BRAUCHEN SIE:

einen weichen Malerpinsel
Mikrofasertücher
Möbelpolitur aus Bienenwachs
Poliertuch

→1

Zuerst entfernen Sie den Staub an Ecken, Fugen und Verzierungen der Möbel. Am besten geht das mit einem weichen Malerpinsel, der für diesen Zweck trocken und sauber sein muss.

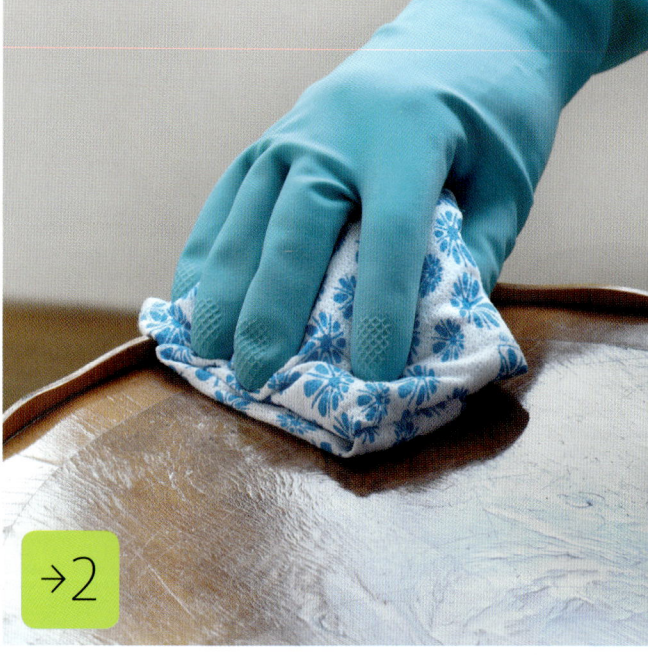

→2

Den Staub auf den größeren Flächen nehmen Sie anschließend mit einem Mikrofasertuch ab – und das so gründlich wie möglich, denn sonst verklebt er später mit dem Wachs und klebt auf der Oberfläche.

HOLZMÖBEL POLIEREN

WAS WIE OFT

WÖCHENTLICH → Oberflächlichen Staub sollten Sie möglichst regelmäßig entfernen (siehe Seite 18–19).

ALLE PAAR WOCHEN → Wenn die Oberfläche den Glanz verliert, reiben Sie sie wie in Schritt 4 gezeigt sanft mit einem Poliertuch.

HALBJÄHRLICH → Ein- bis zweimal jährlich polieren Sie die Möbel wie unten gezeigt.

Extra-Tipps

Fettflecken entfernen Sie von Holzmöbeln am besten mit Talgpulver. Streuen Sie etwas Pulver auf den Fleck und drücken Sie fest mit Küchenpapier darauf, so wird das Fett aus dem Holz gesaugt.

Antiquitäten sollte man nicht selbst reparieren, sondern zu einem Restaurator bringen, sonst büßen sie an Wert ein.

→3

Geben Sie etwas Möbelwachs auf ein sauberes Mikrofasertuch. Damit reiben Sie das Holz Stück für Stück in Richtung seiner Maserung ein – je nach Zustand des Möbels auch mehrfach, aber nur sehr dünn.

→4

Nach dem Trocknen polieren Sie die gesamte Fläche mit einem sauberen Poliertuch oder einem weichen Lappen. Nehmen Sie sich dafür etwas Zeit, bis kein Wachs mehr an der Oberfläche haftet und das Holz seidig glänzt.

AUF DIE SCHNELLE

10 MIN. Holzböden ausbessern

Parkett und Dielenböden aus Echtholz sollte man einmal jährlich mit Wachs und einer (gemieteten) Poliermaschine pflegen. Zwischendurch auftretende Kratzer können Sie mit der hier gezeigten Technik schnell und einfach wieder fast unsichtbar machen.

DAZU BRAUCHEN SIE:
- Staubsauger und Hartbodendüse
- feine Stahlwolle (Grad 000)
- Kehrschaufel und -besen
- Fußbodenwachs
- Plastikspatel und Poliertuch

→ 1

Saugen Sie die Stelle rings um den Kratzer möglichst bald, nachdem Sie den Schaden bemerkt haben. Dazu verwenden Sie am besten die Hartbodendüse und saugen gründlich und großflächig.

→ 2

Reiben Sie mit der feinen Stahlwolle sanft über den Kratzer, bis er nicht mehr zu sehen ist. Den dabei entstandenen Schleifstaub entfernen Sie mit Handfeger und Kehrschaufel oder wieder mit dem Staubsauger.

HOLZBÖDEN AUSBESSERN

Extra-Tipps

Um Ihre Böden vor Kratzern zu schützen, sollten sie alle Tisch- und Stuhlbeine mit Möbelgleitern versehen. Meist sind das Filzstücke zum Aufstecken oder -kleben.

Kratzer auf Laminatböden kann man, anders als auf Holzböden, nicht abschleifen. Die Laminatoberfläche sieht zwar häufig aus wie richtiges Holz, besteht aber aus Kunststoff. Zum Ausbessern dieser Böden gibt es spezielle Reparatur-Sets.

Kaugummi, Kerzenwachs oder Wachsmalstifte entfernen Sie, indem Sie den Fleck mit einem Eisbeutel bedecken, bis er hart geworden ist. Danach können Sie ihn vorsichtig mit einem Klingenschaber oder der Kante einer Kreditkarte abschaben.

→3

→4

Mit einem kleinen Plastikspatel tragen Sie vorsichtig etwas Fußbodenwachs auf die Stelle auf und drücken es gründlich in den Kratzer hinein. Danach lassen Sie das Wachs 15 Minuten lang trocknen und aushärten.

Anschließend polieren Sie die Stelle sorgfältig mit einem weichen Tuch, bis sie völlig glatt ist. Wenden Sie das Tuch dabei mehrfach, damit überschüssiges Wachs von dem sauberen Stoff aufgenommen werden kann.

AUF DIE SCHNELLE

5 MIN. # Sofas absaugen

Krümel und Schmutz können die Bezüge eines teuren Sofas schnell ruinieren. Damit Ihr gutes Stück lange wie neu bleibt, reinigen Sie es jede Woche kurz mit dem Staubsauger. Tipps zum Entfernen von Flecken finden Sie ab Seite 156.

DAZU BRAUCHEN SIE:
- Staubsauger
- Fugendüse
- Staubbürste

→1 **Nehmen Sie alle losen Kissen und Polster ab** und legen Sie sie auf den Boden. Wenn das Sofa vor der Wand steht, ziehen Sie es vor, um auch die Rückseite saugen zu können. Wohndecken werden im Freien ausgeschüttelt und gelüftet.

→2 **Bevor Sie den Sauger anwerfen,** sollten Sie nachsehen, ob nichts in die Ritzen gerutscht ist, das Sie später verzweifelt suchen würden. Danach saugen Sie mit der Fugendüse alle Ecken und Ritzen gründlich ab.

SOFAS ABSAUGEN

Gründliche Reinigung von Polstermöbeln

Etwa einmal im Jahr sollten Sie Ihren Polstermöbeln eine gründlichere Reinigung gönnen. Warten Sie nicht damit, bis die Bezüge speckig wirken, denn dann hat der Schmutz den Stoff schon geschädigt.

Nicht abnehmbare Bezüge lassen Sie am besten professionell reinigen, das geht nicht nur schneller, sondern auch besser.

Abnehmbare Bezüge haben eine eingenähte Pflegeanleitung. Die meisten kann man kalt oder im Schongang waschen, je nach Größe muss man dafür aber in den Waschsalon gehen. Damit die Bezüge nicht einlaufen, lässt man sie an der Luft trocknen. Danach zieht man sie noch leicht feucht wieder auf, dann sind sie auch bald wieder ganz glatt.

→3

Mit der Staubbürste saugen Sie bei geringer Saugkraft das gesamte Sofa, samt Rückseite und Kissen ab. Besonders viel Aufmerksamkeit brauchen Stellen wie Rücken- und Armlehnen, auf denen sich der Staub leicht sammeln kann.

→4

Zum Schluss kommen alle Polster und Kissen wieder ordentlich und locker aufgeschüttelt an ihre Plätze. Sie schieben das Sofa zurück an die Wand, holen die gelüftete Sofadecke herein und falten sie zusammen.

AUF DIE SCHNELLE

Ledersofas pflegen

20 MIN.

Wenn Sie Spritzer und Tropfen immer sofort entfernen und Ihr Glattledersofa jede Woche absaugen, genügt eine gründliche Pflege pro Jahr. Bei einigen Lederpflegemitteln geht das in einem Arbeitsgang, andere gibt es als Set aus Lederseife und -pflege.

DAZU BRAUCHEN SIE:
Staubsauger mit Staubbürste
Mikrofasertücher
Lederpflegemittel
einen trockenen Schwamm
Poliertuch

→1

Vor dem Saugen des Sofas sollten Sie immer nachsehen, ob nichts in die Ritzen gerutscht ist, das Sie später vermissen würden. Anschließend wird das gesamte Sofa gründlich mit der weichen Staubbürste des Saugers gereinigt.

→2

Tauchen Sie ein Mikrofasertuch in warmes Wasser und wringen Sie es so gründlich aus, dass es nur nebelfeucht ist. Damit reiben Sie den restlichen Oberflächenschmutz ab. Vergessen Sie dabei nicht die Sofarückseite.

Extra-Tipps

Lederspray pflegt, imprägniert und frischt die Farben auf, es reinigt aber nicht und eignet sich daher nur, wenn Sie Ihr Sofa zwischendurch auf die Schnelle etwas aufpolieren möchten.

Wassertropfen und andere Flüssigkeiten auf Wasserbasis sollten Sie möglichst sofort mit Küchenpapier oder weißem Stoff aufsaugen. Wenn nach dem Trocknen dennoch ein Fleck zurückbleibt, polieren Sie die Stelle mit einem sauberen Tuch.

Fettflecken kann man mit Seifenwasser entfernen, besser aber mit einer speziellen Lederseife. Nach dem Behandeln spült man die Seife mit klarem Wasser ab, dabei darf das Leder aber nicht zu nass werden.

→3

Um auch tief sitzenden Schmutz zu entfernen und das Leder zu pflegen, greifen Sie zu einem Spezialprodukt. Sattelseife und Ledermilch liefern gute Ergebnisse. Keinesfalls Schuhpflegemittel verwenden.

→4

Zum Schluss wird poliert: Dazu verwenden Sie ein sauberes, trockenes Mikrofasertuch und reiben die gesamte Oberfläche des Sofas in kräftigen Kreisbewegungen ab. Danach schimmert das Leder seidig.

AUF DIE SCHNELLE

Politur-Set

Was genau Sie brauchen, hängt davon ab, welches Material Sie polieren möchten: Für Holzböden und -möbel ist Bienenwachs die erste Wahl, denn Polituren auf Silikonbasis können Kratzer nicht auffüllen und machen die Böden zu rutschig. Kunstgegenstände und Beschläge aus Messing, Kupfer und Silber brauchen von Zeit zu Zeit eine spezielle Metallpflege, um nicht stumpf zu werden und anzulaufen.

MIKROFASERHANDSCHUH
Zum Abstauben größerer Flächen sind Handschuhe praktischer als Tücher. Beide kann man in der Maschine waschen, verwenden Sie für Mikrofasern keinen Weichspüler!

METALLPOLITUR
Für verschiedene Metalle gibt es jeweils Spezialprodukte, manche eignen sich auch für mehrere Arten.

MIKROFASERTUCH
Mit nichts anderem bekommt man Staub vor dem Polieren so schnell und effizient weg: Mikrofasern wirken elektrostatisch und ziehen Staub an wie ein Magnet.

POLITUR-SET

STAUBTUCH
Bevor Mikrofasertücher ihren Siegeszug antraten, benutzte man zum Abstauben diese weichen Staubtücher. Zum Polieren sind sie immer noch ideal.

MALERPINSEL
Ein weicher Pinsel dient zum Abstauben von Möbelecken und Ornamenten vor dem Polieren.

ALTE ZAHNBÜRSTE
Die praktischste Art, Staub und Schmutz aus kleinen Möbelritzen, Vertiefungen und Verzierungen zu entfernen.

ALTES HANDTUCH
Damit schützen Sie beim Polieren kleinerer Gegenstände Ihre Unterlage vor Kratzern und möglicherweise missliebigen Politurflecken.

WACHSPOLITUR
Die sanfteste und natürlichste Pflege für Echtholz. Ein- bis zweimal pro Jahr Wachsen und Polieren genügt, damit es seinen seidigen Glanz bewahrt.

GUMMIHANDSCHUHE
Darin schützen Sie Ihre Hände vor den verschiedenen Polituren, denn die wenigsten enthalten nur reines Bienenwachs.

 AUF DIE SCHNELLE

15 MIN. Blitzputz im Schlafzimmer

Gerade im Schlafzimmer hat man es gerne frisch und ordentlich. Haken Sie einmal pro Woche die Punkte dieser Checkliste ab und im Nullkommanichts ist alles tipptopp: vom Bett bis zum Nachttisch und von den Spiegeln bis zum Fußboden.

1 FRISCHE LUFT HEREINLASSEN
Sogar im Winter ist es wichtig, die verbrauchte Luft auszutauschen. Stoßlüften sorgt für frische Luft, kühlt, verringert die Feuchtigkeit im Raum und wirkt so der Vermehrung von Hausstaubmilben entgegen.

2 BETTWAREN LÜFTEN
Am besten lassen Sie es sich zur Angewohnheit werden, jeden Morgen beim Aufstehen die Bettdecken zurückzuschlagen und über das Fußende zu hängen. So können Matratzen und Decken atmen.

3 FEUCHT ABSTAUBEN
Alle abwaschbaren Flächen, auf denen sich Staub sammelt, vor allem Nachttische und Leuchten, aber auch Bücher und andere Gegenstände, werden mit einem nur ganz schwach angefeuchteten Tuch abgewischt.

4 BETTEN MACHEN
Nachdem die Betten mindestens 30 Minuten gelüftet wurden, zieht man die Laken glatt und arrangiert Decken und Kissen. Für einen schicken Hotelzimmer-Look verwenden Sie eine Tagesdecke.

BLITZPUTZ IM SCHLAFZIMMER

5 SPIEGEL PUTZEN
Verschmierte Spiegel werden im Handumdrehen sauber, wenn man mit einem nebelfeuchten Mikrofasertuch darüberwischt. Bei hartnäckigen Flecken gibt man einen Tropfen Spülmittel auf das Tuch.

6 AUFRÄUMEN
Kaffeebecher, Müslischalen, Haarbürsten – vieles findet seinen Weg ins Schlafzimmer und gehört hier eigentlich nicht hin. Sammeln Sie alles ein und bringen Sie es zum Schluss zurück an die richtigen Plätze.

7 MÜLLEIMER LEEREN
Da man im Schlafzimmer höchstens einen Mülleimer hat, muss man seinen Inhalt sortieren und auf die diversen Recycling-Behälter verteilen. Der Rest kommt – wie der Name sagt – in den Restmüll.

8 KLEIDUNG WEGRÄUMEN
Herumliegende Kleidung, die noch nicht in die Wäsche muss, schüttelt man am besten am offenen Fenster aus, bevor man sie zusammenlegt beziehungsweise aufhängt und zurück in den Schrank räumt.

9 KLEINKRAM VERSTAUEN
Kosmetika und anderen Kleinkram sollten Sie nicht offen herumliegen lassen. Erstens geht viel verloren und zweitens sammelt sich Staub darauf. Die Lösung: Körbchen und Schachteln mit Deckel.

10 STAUBSAUGEN
Beim abschließenden Staubsaugen achten Sie besonders auf die viel begangenen Stellen an der Tür und rings ums Bett. Falls Zeit ist, zum Saugen das Bett vorziehen. Die Ecken erreicht man mit der Fugendüse.

AUF DIE SCHNELLE

Betten frisch beziehen

Ein frisch bezogenes Bett ist so angenehm, dass Sie sich jede Woche einmal damit verwöhnen sollten – bei großer Hitze oder Krankheit sogar noch öfter. Mit der richtigen Technik machen Sie das im fliegenden Wechsel ganz ohne Kampf mit den Laken.

DAZU BRAUCHEN SIE:

frische Laken

frische Bettbezüge

frische Kissenbezüge

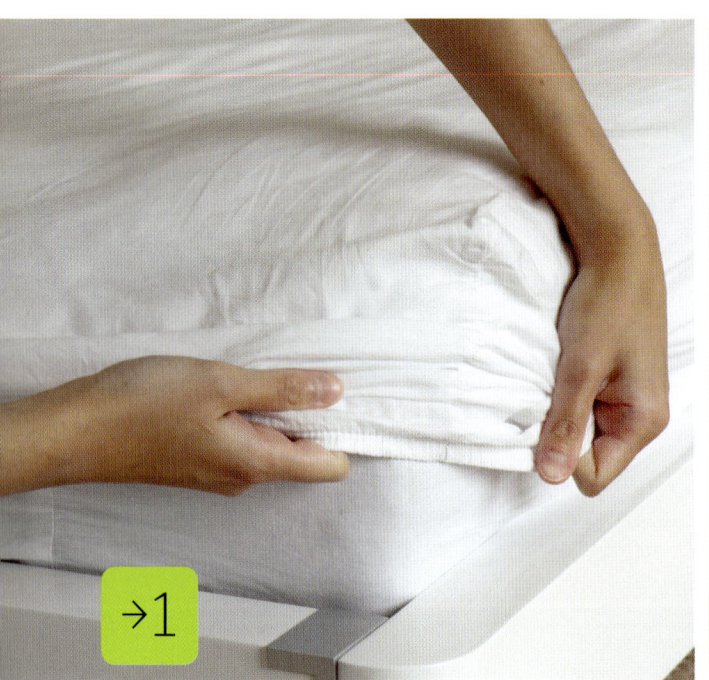

→1

→2

Die schmutzige Bettwäsche wird abgezogen, Kissen und Decke neben dem Bett aufgestapelt. Dann ziehen Sie ein frisches Spannbettlaken über die Ecken der Matratze, streichen es glatt und schlagen die Ränder sauber unter.

Drehen Sie den Kissenbezug auf links, greifen Sie mit beiden Händen hinein und fassen Sie mit den Ecken die Zipfel des Kissens. Dann stülpen Sie den Bezug von Ihren Armen aus über das Kissen und ziehen ihn hinunter.

BETTEN FRISCH BEZIEHEN

Extra-Tipps

Die meisten Kissen und Decken sind mit Daunen, Feder-Daunen-Mischungen oder Kunstfasern gefüllt. Es gibt aber auch Füllungen aus Wolle, Baumwolle oder Seide. Gänsedaunen isolieren am besten, sind aber sehr teuer, daher werden sie häufig mit Federn kombiniert. Kunstfasern (in der Regel Polyester-Hohlfasern) sind besonders für Allergiker eine gute Wahl.

Die Reinigung von natürlichen Füllungen wie Daune oder Wolle muss man meist Profis überlassen. Kunstfaserbetten kann man selbst waschen (siehe Seite 148–149).

Allergiker sollten die Bettwäsche besonders häufig wechseln. Damit keine Allergene eingeatmet werden, gibt es milbendichte Überzüge, sogenannte »Encasings« (siehe Seite 186).

→3

Legen Sie den Bettbezug mit der offenen Seite unten auf das Bett. Dann schieben Sie zwei Bettzipfel in seine oberen Ecken und ziehen den Bezug herunter. Alternative: Sie können auch dieselbe Technik wie beim Kissen anwenden.

→4

Sobald die Decke im Bezug steckt, greifen Sie beides zusammen an den zwei oberen Ecken und schütteln die Decke glatt. Zum Schluss schließen Sie den Bezug, sofern er Knöpfe oder einen Reißverschluss hat.

AUF DIE SCHNELLE

Betten machen

Gewöhnen Sie sich an, das Bett jeden Morgen zu lüften und anschließend zu machen. Mit etwas Übung geht das ganz schnell. So sieht nicht nur das Schlafzimmer gleich viel aufgeräumter aus, Sie entfernen damit auch Staub, Milben, Haare und Hautschuppen und können sich am Abend auf ein glattes, luftiges Deckbett freuen.

→1

→2

Schlagen Sie beim Aufstehen die Bettdecke zurück und hängen Sie sie möglichst locker über das Fußende oder ans geöffnete Fenster. Lüften Sie das Bett mindestens 30 Minuten, während Sie im Bad sind und sich anziehen.

Streichen Sie das Laken glatt und entfernen Sie dabei auch zugleich Haare und Fusseln. Dann ziehen Sie das Laken straff über die Ecken und Kanten und stecken es rundum wieder fest unter die Matratze.

BETTEN MACHEN

Extra-Tipps

Betten mit umgeschlagenem Laken und eingesteckter Decke kennen Sie sicher aus dem Urlaub, etwa aus Frankreich. Vielleicht gefällt Ihnen das so gut, dass Sie Ihr Bett daheim umrüsten wollen. So geht's: Zuerst wie gewohnt lüften, unteres Laken glattstreichen und Kissen aufschütteln (Schritt 1–3). Dann breiten Sie das übergroße obere Laken über dem gesamten Bett aus, ziehen es glatt und legen die Decke so darüber, dass ihre obere Kante knapp unterhalb des Kissens liegt. Streichen Sie die Decke glatt, dann schlagen Sie die obere Kante des Lakens darüber und ziehen wieder alles glatt. Zum Schluss stecken Sie Laken und Decke zusammen fest unter die Matratze, zuerst am Fußende und dann nacheinander auf den beiden Seiten.

→3

→4

Schütteln Sie die Kissen auf, denn nach der Nacht sind sie sicher platt gelegen. Danach legen Sie sie ordentlich ans Betthaupt und zwar andersherum als am Tag zuvor. So nutzen sich Kissen und Füllung gleichmäßiger ab.

Zum Schluss schütteln Sie die Bettdecke mit einem Schwung nach oben und in die Länge und lassen sie auf das Bett fallen. Jetzt nur noch gleichmäßig über das Bett ziehen und glattstreichen – fertig.

AUF DIE SCHNELLE

Matratzenpflege

Alle sechs Monate ist es Zeit für ein Pflegeprogramm: Die Matratzen werden abgesaugt, von Flecken befreit, gedreht und gewendet. Diese einfachen, schnellen Maßnahmen erhöhen ihre Lebensdauer und halten Hausstaubmilben im Zaum.

DAZU BRAUCHEN SIE:

Staubsauger mit Staubbürste
Handwaschmittel
Schwamm

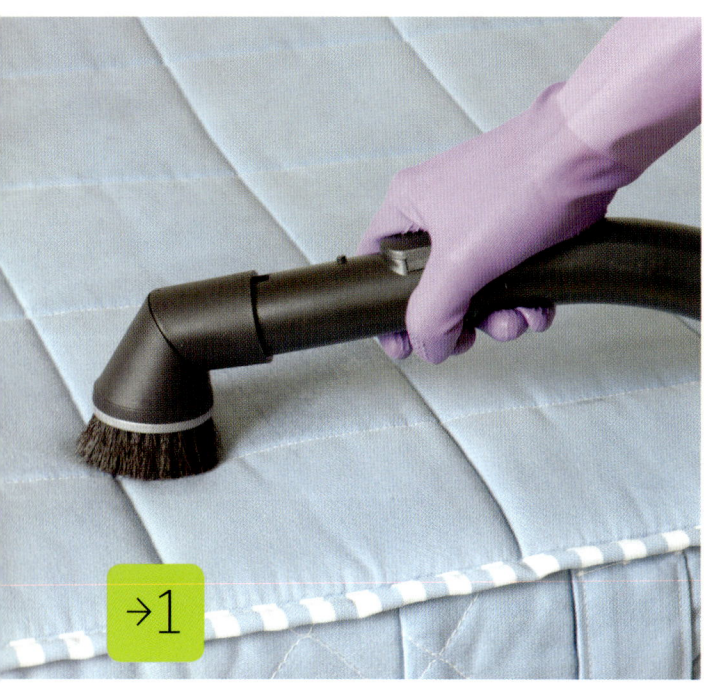

→1 **Ziehen Sie Laken, Auflage und Unterbett ab** und saugen Sie die Matratze sorgfältig mit der Staubbürste ab. Vorsicht: Eine zu hohe Saugstärke könnte ihr schaden (Herstellerhinweis beachten).

→2 **Flecken entfernen** Sie mit warmem Wasser und etwas Handwaschmittel. Rubbeln Sie die Flecken mit einem darin ausgedrückten Schwamm ab und waschen Sie anschließend das Waschmittel mit einem sauberen Schwamm und Wasser aus.

MATRATZENPFLEGE

Extra-Tipps

Waschbare Matratzenauflagen oder Schonbezüge sind ein Muss: Sie schützen die Matratze vor Schmutz und Abnutzung und erhöhen bei monatlichem Waschen deutlich die Hygiene.

Federkernmatratzen sollten Sie alle sechs Monate im Wechseln drehen und dann wieder wenden.

Latex- und Kaltschaummatratzen müssen zwar nicht unbedingt gewendet, aber möglichst monatlich gedreht werden.

Übel riechende Urinflecken bekommen Sie wieder weg, wenn Sie den Fleck mit einer 1:4-Lösung aus Branntweinessig und Wasser abreiben und danach mit einem sauberen Tuch trockentupfen.

→3

Erst wenn die Matratze wieder trocken ist, können Sie sie wenden. Falls Ihnen das zu lange dauert, trocknen Sie sie mit dem Fön. Anschließend wird auch die Rückseite gründlich gesaugt und von Flecken befreit.

→4

Zum Schluss, wenn auch diese Seite der Matratze vollständig trocken ist, ziehen Sie eine saubere Auflage auf und beziehen das Bett samt Kissen und Decke mit frischer Bettwäsche. Wie das geht, lesen Sie auf Seite 78–79.

AUF DIE SCHNELLE

Putzmittel fürs Bad

Ein sauberes Bad ist wichtig für die Hygiene. Wenn Sie nach jeder Benutzung kurz aufräumen und das Waschbecken auswischen, bleibt bei der wöchentlichen Putzaktion fast nichts mehr zu tun. Fürs Bad brauchen Sie nur wenige Putzmittel, aber es empfiehlt sich, sie getrennt aufzubewahren. Vor allem Lappen und Schwämme aus dem Bad haben im übrigen Haushalt nichts verloren.

WC-REINIGER
Reinigen, entkalken und Gerüche entfernen – all das muss er leisten. Der abgeknickte Flaschenhals ermöglicht es, den Reiniger auch unter den Rand der Toilette zu spritzen.

KÜCHENPAPIER
Zum Putzen der Klobrille ist Papier hygienischer als ein Lappen oder Schwamm, denn nach Gebrauch wirft man es einfach weg.

PUTZMITTEL FÜRS BAD

SPRÜHREINIGER
Desinfizierende Badreiniger sind umstritten, aber für viel benützte Toiletten die schnellste Lösung.

SCHEUERMILCH
Der meiste Schmutz im Bad lässt sich mit einer sanften Scheuermilch mühelos entfernen.

PUTZSCHWAMM
Ein mildes, kratzfreies Scheuervlies entfernt auch hartnäckigere Flecken in Waschbecken, Dusche und Wanne.

ESSIGLÖSUNG
Dieses simple, aber wirksame Hausmittel beugt Kalkflecken vor, vor allem in der Duschkabine.

GUMMIHANDSCHUHE
Zum Putzen der Toilette sollten Sie möglichst ein gesondertes Paar haben.

AUF DIE SCHNELLE

Blitzputz im Badezimmer
10 MIN.

Wenn Sie alle Siebensachen zum Putzen des Badezimmers in einem Korb oder Eimer parat haben und systematisch vorgehen, können Sie dieses schnelle Programm in zehn Minuten schaffen. Einmal in der Woche darf es dann etwas gründlicher sein.

1 LÜFTEN
Öffnen Sie das Fenster oder, wenn Ihr Bad keines hat, stellen Sie die Lüftung an, während Sie putzen. Frische Luft ist wichtig, um die Feuchtigkeit im Bad zu reduzieren und so Schimmel vorzubeugen.

2 WASCHBECKEN PUTZEN
Leeren Sie die Seifenschale und reinigen Sie sie von Seifenresten. Danach wischen Sie mit einem schwach feuchten Lappen oder Mikrofasertuch Becken und Armaturen ab, auch hinter dem Wasserhahn.

3 BADE- BZW. DUSCHWANNE REINIGEN
Mit dem gleichen schwach feuchten Tuch wischen Sie Seifenreste, Haare und anderen Schmutz aus der Wanne. Danach trocknen Sie hinter den Armaturen stehendes Wasser und säubern den Abfluss.

4 DUSCHVORHANG ODER -KABINE ABTROCKNEN
Einen nassen Duschvorhang ziehen Sie zu, schütteln ihn aus und reiben ihn mit einem Tuch ab. Die Wände einer Duschkabine trocknet man mit einem Tuch oder man streift sie mit einem Gummiabzieher ab.

BLITZPUTZ IM BADEZIMMER

5 TOILETTE PUTZEN
Die Klobrille wischen Sie mit Küchenpapier ab, dann geben Sie einen Spritzer WC-Reiniger in das Becken, vor allem unter den Rand. Einmal wöchentlich schrubben Sie die Toilette gründlicher und auch außen.

6 SPIEGEL SÄUBERN
Mit einem nebelfeuchten Mikrofasertuch verschwinden Spritzer und Fingerabdrücke schon beim ersten Darüberwischen. Bei hartnäckigeren Flecken geben Sie einen Tropfen Spülmittel auf das Tuch.

7 ABLAGEN AUFRÄUMEN
Je weniger herumliegt, desto weniger Staub sammelt sich und desto schneller geht das Abwischen. Verstauen Sie so viele Dinge wie möglich im Schrank und sammeln Sie Kleinkram in Schachteln und Körben.

8 HANDTÜCHER UND WASCHLAPPEN AUSWECHSELN
Einmal pro Woche gibt es frische Handtücher. Am besten stecken Sie die schmutzigen gleich in die Waschmaschine. Feuchte Tücher müssen erst trocknen, bevor man Sie in den Wäschekorb werfen kann.

9 FUSSBODEN REINIGEN
Schmutz, Haare und Staub kann man ruckzuck auffegen. Einmal in der Woche wird der Boden danach noch nass aufgewischt, besonders gründlich rund um die Toilette.

10 MÜLLEIMER LEEREN
Pflücken Sie recyclingfähigen Müll heraus, bevor Sie den Inhalt des Eimers in den Restmüll geben. Danach hängen Sie einen sauberen Müllbeutel in den Behälter.

AUF DIE SCHNELLE

3 MIN. Waschbecken putzen

Waschbecken werden ständig benutzt und können ein Tummelplatz für Keime sein. Dabei dauert eine gründliche Reinigung nur ein paar Minuten – vorausgesetzt, Sie gewöhnen es sich an, das Waschbecken nach jeder Benutzung kurz auszuwischen.

DAZU BRAUCHEN SIE:
Schwamm mit sanftem Scheuervlies
Scheuermilch
Sprühflasche
Branntweinessig
Mikrofasertuch

→1

Räumen Sie alles beiseite und füllen Sie das Becken mit warmem Wasser. Darin lösen sich Zahnpasta- und Seifenreste von alleine. Nach einer Minute wischen Sie das Becken mit einem Schwamm aus und lassen das Wasser ab.

→2

Verschmutzungen am Abfluss, am Überlauf und rings um die Armatur entfernen Sie mit einem sanften Scheuervlies und einem Klecks Scheuermilch. Danach spülen Sie die Scheuermilch mit klarem Wasser ab.

WASCHBECKEN PUTZEN

WAS WIE OFT

TÄGLICH → Nach jeder Benutzung auswischen, so trocknen keine Seifenreste fest.

WÖCHENTLICH → Gründlich putzen wie unten in Schritt 1–4 gezeigt.

MONATLICH → Hartnäckige Kalkansammlungen entfernt man, indem man ein in Essig getränktes Geschirrtuch darauflegt, bis sich der Kalk löst und abgewischt werden kann.

Extra-Tipps

Waschbecken aus Stein werden mit einem weichen Lappen und Neutralreiniger geputzt. Für hartnäckige Flecken braucht man einen speziellen Steinreiniger. Einmal im Jahr wird das Becken mit einem Spezialprodukt versiegelt.

Mit einer alten Zahnbürste erreicht man auch schwer zugängliche Stellen hinter der Armatur.

→3

Kräftig gegen Kalk wirkt eine Mischung aus gleichen Teilen Wasser und Branntweinessig. Die sprühen Sie auf den Schwamm, reiben Waschbecken und Armaturen damit ab und spülen gründlich klar nach.

→4

Auf Hochglanz bringen Sie Ihr Waschbecken, indem Sie es zum Schluss mit einem Mikrofasertuch trockenreiben. Auch Armaturen und Abfluss werden damit poliert. So bilden sich nicht sofort die nächsten Kalkflecken.

AUF DIE SCHNELLE

Badewanne putzen

Wenn Sie die Wanne jedes Mal nach dem Baden kurz auswischen, kann man sie nach einer Woche in ein paar Minuten wieder auf Hochglanz bringen. Doch auch eingetrocknete Seifenränder bekommt man ohne viel Schrubben wieder weg (siehe Extra-Tipp).

DAZU BRAUCHEN SIE:
- Putzschwamm mit sanftem Scheuervlies
- Scheuermilch
- Sprühflasche
- Branntweinessig
- Mikrofasertuch

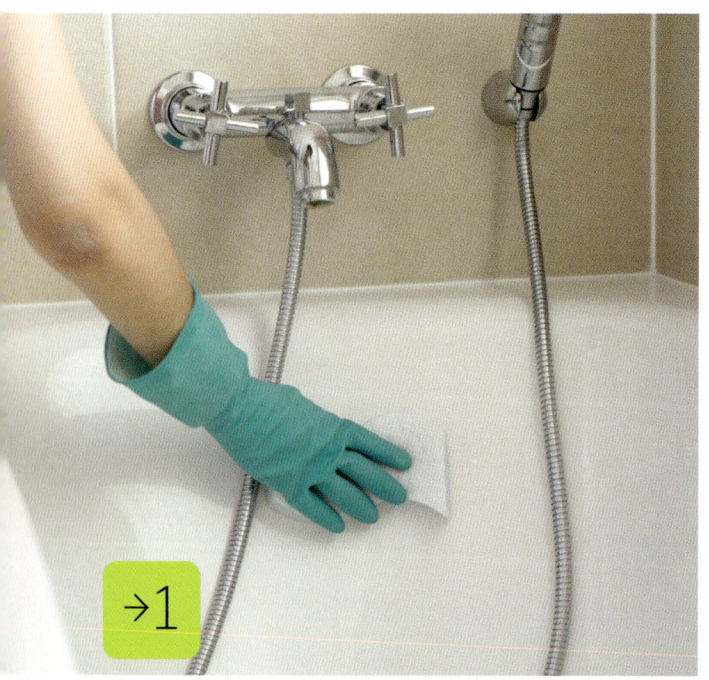

→1

Als erstes wischen Sie Seife, Haare und anderen oberflächlichen Schmutz mit einem feuchten Schwamm ab. Damit saugen sie auch stehendes Wasser auf dem Rand und um die Armaturen auf. Danach gründlich ausspülen.

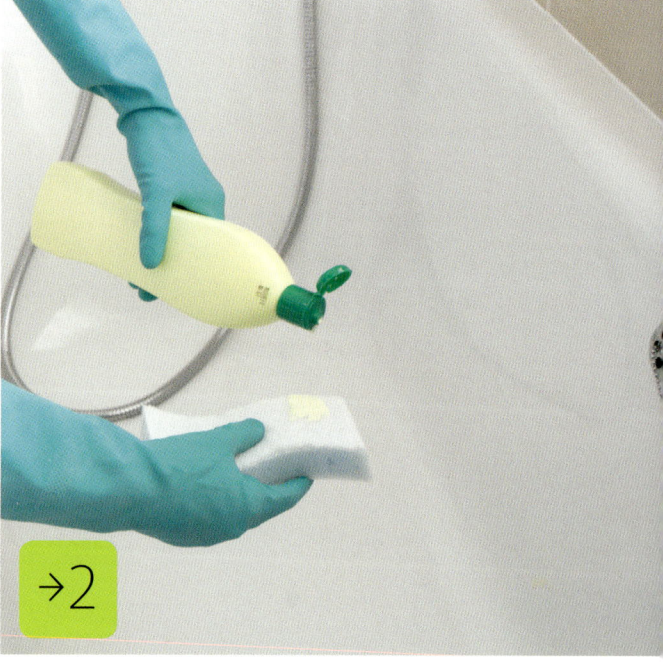

→2

Flecken entfernen Sie mit Scheuermilch und dem milden Scheuervlies Ihres Putzschwamms. Kunststoffwannen lieber mit herkömmlichem Badreiniger und einem weichen Tuch behandeln. Danach gründlich abspülen.

BADEWANNE PUTZEN

Extra-Tipps

Eine länger nicht geputzte Wanne mit hartnäckigen Flecken und Rändern füllen Sie mit heißem Wasser und etwas Waschmittel und lassen sie über Nacht einweichen. Danach lassen sich die Flecken mit einem Schwamm leicht abreiben.

Schimmel auf den Dichtungen rund um die Wanne entfernen Sie mit einem speziellen Schimmelspray. Regelmäßig angewendet schützt es auch vor neuem Schimmel.

Kratzer in Acrylwannen reibt man vor dem Putzen sanft mit Metallpolitur ein. Generell sollten Sie Acrylwannen nie mit scharfen Scheuermitteln oder -schwämmen putzen, da sie viel schneller verkratzen als Email.

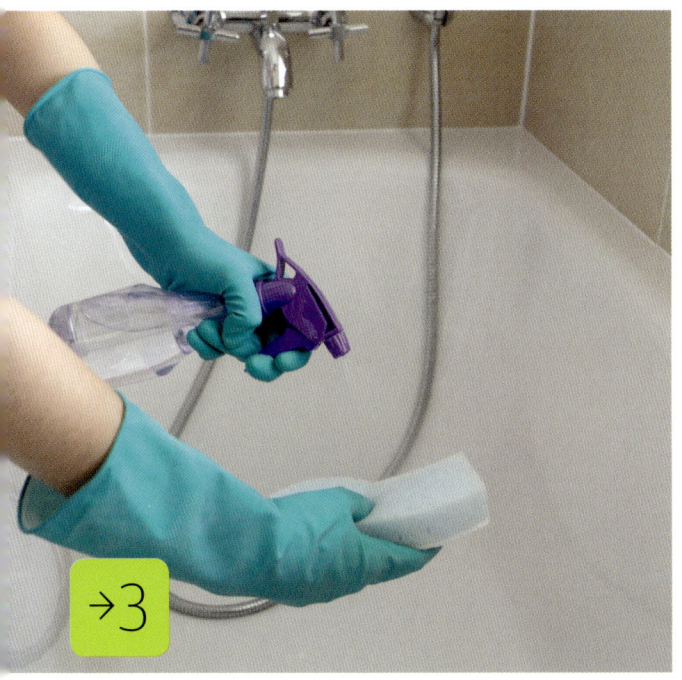

→3

→4

Kalkablagerungen begegnen Sie mit einer Mischung aus gleichen Teilen Wasser und Branntweinessig. Die sprühen Sie auf den Schwamm (weiche Seite) und reiben die gesamte Wanne und die Armaturen damit ab.

Zum Schluss spülen Sie die Wanne nochmals gründlich aus. Danach werden Armaturen und andere Chromteile mit der weichen Seite des Schwamms abgerieben und mit einem trockenen Mikrofasertuch poliert.

AUF DIE SCHNELLE

Die Dusche putzen

Der Erzfeind der Dusche heißt Kalk. Die besten Waffen in diesem Kampf sind aber nicht unbedingt Spezialreiniger. Mit der hier gezeigten umweltfreundlichen Methode behalten Sie ohne viel Aufwand die Oberhand, wenn Sie einmal pro Woche putzen.

DAZU BRAUCHEN SIE:

Putzschwamm mit sanftem Scheuervlies

Sprühflasche

Branntweinessig

Mikrofasertuch

→1

Wischen Sie zunächst mit der weichen Seite des Schwamms von oben nach unten die Wände und die Duschtasse aus. Dabei entfernen Sie nicht nur losen Schmutz, sondern vor allem auch stehendes Wasser.

→2

Mischen Sie Wasser und Essig zu gleichen Teilen in einer Sprühflasche. Damit benetzen Sie alle Metallteile. Danach werden diese Teile mit einem nassen Schwamm abgewischt und mit einem Mikrofasertuch poliert.

DIE DUSCHE PUTZEN

Extra-Tipps

Duschvorhänge bleiben sauber, wenn man sie regelmäßig wäscht – die meisten sind maschinenwaschbar. Bei starkem Schimmel weicht man sie zuvor 10 Minuten lang in einer Mischung aus vier Teilen Wasser und einem Teil Chlorreiniger ein. Oder man schrubbt den Schimmel mit einer Paste aus Natron und Wasser ab. Spezielle Schimmelreiniger sind nur die allerletzte Rettung für wirklich übel verschimmelte Vorhänge.

Schimmelige Fugen bekommen Sie mit einer Mischung aus einem Teil Chlorreiniger und drei Teilen Wasser (oder einer Paste aus Natron und einigen Tropfen Essig) wieder sauber. Am besten schrubben Sie sie mit einer alten Zahnbürste.

→3

→4

Als Nächstes kommen Tür, Fliesen und Duschtasse an die Reihe. Auch sie werden mit der Essiglösung eingesprüht und mit einem nassen Schwamm abgewischt. So entfernen Sie Kalkflecken, Seife und anderen Schmutz.

Zum Schluss wird die Tür trockengerieben und zwar mit einem sauberen, trockenen Mikrofasertuch. Damit es keine Streifen gibt, sollten Sie zügig arbeiten. Vergessen Sie dabei nicht die Metallränder und -griffe der Tür.

AUF DIE SCHNELLE

3 MIN. Toilette putzen

An der Toilette sammeln sich gern Bakterien. Schon deshalb sollten Sie sie jede Woche so gründlich wie hier gezeigt putzen. Wird sie von mehreren Personen benutzt, empfiehlt es sich sogar, täglich etwas WC-Reiniger unter den Rand zu spritzen.

DAZU BRAUCHEN SIE:

WC-Reiniger
Badreiniger
Küchenpapier
Klobürste
Sprühflasche und Essig

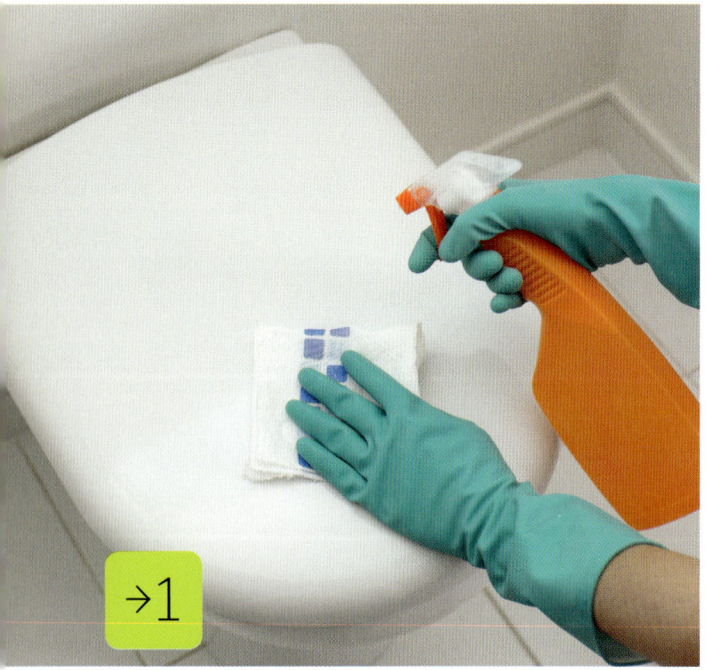

→1

Spritzen Sie WC-Reiniger in das Becken und unter den Rand der Toilette und lassen Sie ihn einwirken. In dieser Zeit reiben Sie das Äußere des Beckens, Klobrille und -deckel innen und außen mit Badreiniger und Küchenpapier ab.

→2

Schrubben Sie das Becken innen kräftig mit der Klobürste – besonders unter dem Rand. Anschließend spülen Sie, entfernen dabei mit der Bürste den restlichen WC-Reiniger und spülen auch die Bürste sauber.

TOILETTE PUTZEN

Extra-Tipps

Bei hartnäckigen Kalkablagerungen in der Toilette schöpfen Sie zunächst einen Großteil des Wassers mit einem Plastikbecher ab (Schritt 2, Seite 96). Dann gießen Sie genügend Essig hinein, um die Kalkränder zu bedecken. Nach genügend langer Einwirkzeit löst sich der Kalk und kann hinuntergespült werden. Die Alternative sind Kalklöser oder Chlorreiniger.

Chlorreiniger ist ein effektives Desinfektionsmittel. Lassen Sie ihn aber nicht länger als 30 Minuten im WC-Becken einwirken, sonst beschädigt er das Porzellan.

Reinigungsmittel nie mischen oder übereinander verwenden! Die enthaltenen Chemikalien können miteinander reagieren und giftige Dämpfe erzeugen.

→3

Zur Vorbeugung gegen Kalkablagerung oder zum Entfernen kleinerer Rückstände benutzen Sie eine Lösung aus gleichen Teilen Wasser und Branntweinessig. Sprühen Sie das Becken damit ein und lassen es 10 Minuten wirken.

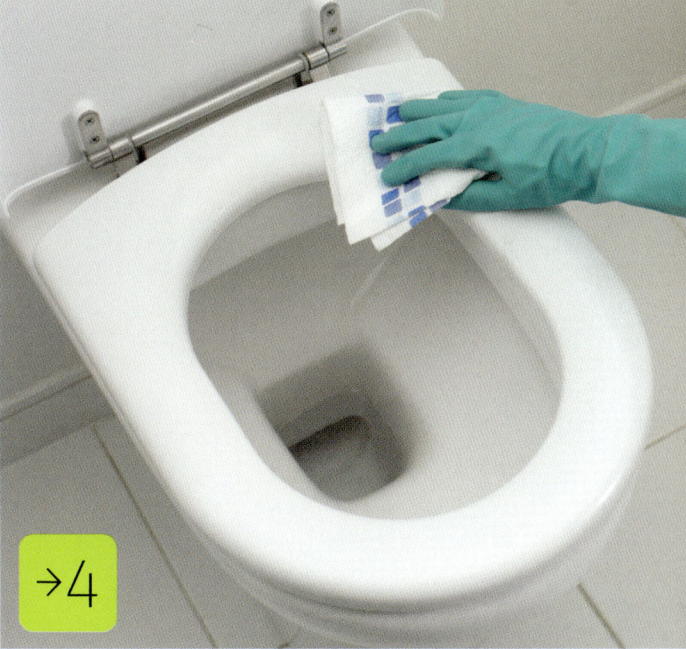

→4

Zum Schluss wird wieder gespült, um auch die Essiglösung wieder zu entfernen. Danach wischen Sie nochmal mit einem Stück Küchenpapier über die Brille, um mögliche Spritzer aufzunehmen und schließen den Deckel.

AUF DIE SCHNELLE

10 MIN.

WC-Verstopfung beseitigen

Keine Panik, wenn Ihre Toilette einmal verstopft ist! Manchmal löst sich der Pfropf ganz von allein. Wenn nicht, ziehen Sie Gummihandschuhe an, suchen Ihr Werkzeug zusammen und beheben das Problem in diesen vier einfachen Schritten.

DAZU BRAUCHEN SIE:

Zeitungspapier
Plastikbecher
Eimer
WC-Saugglocke (Pümpel)
Chlorreiniger, Klobürste

→1

Legen Sie Zeitungspapier auf dem Boden rings um die Toilette aus, so ist er vor Spritzern geschützt. Dann ziehen Sie die Gummihandschuhe hoch, stellen den Eimer bereit und entfernen sichtbare Hemmnisse mit der Hand.

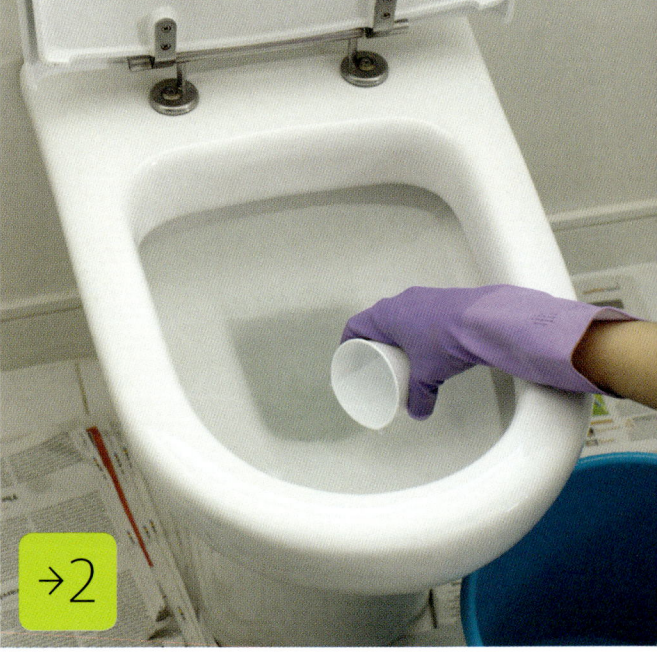

→2

Wenn das die Verstopfung nicht löst, kommt die Saugglocke zum Einsatz. Damit es nicht zu sehr spritzt, schöpfen Sie zuvor einen Großteil des Wassers mit einem Plastikbecher ab und gießen es in den bereitgestellten Eimer.

WC-VERSTOPFUNG BESEITIGEN

Extra-Tipps

Häufigster Fehler, wenn die Toilette erst einmal verstopft ist: Panisch wieder und wieder spülen. Dadurch löst sich der Pfropf nur selten. Stattdessen gibt es, wenn es übel läuft, eine Überschwemmung.

Um Verstopfungen zu vermeiden, nach jeder Benutzung gründlich spülen – aber ausschließlich Toilettenpapier in kleinerer Menge hineinwerfen! Mit Windeln, Einmalhandtüchern, Binden, Tampons, Slipeinlagen, Wattestäbchen, Haaren und Ähnlichem sind Verstopfungen unvermeidlich. Damit nicht versehentlich etwas hineinfällt, den Deckel geschlossen halten.

Wenn keine Saugglocke im Haus ist, können Sie sich mit einer alten Plastikflasche behelfen: Deckel zuschrauben, Boden abschneiden und wie gezeigt pumpen.

→3

Setzen Sie die Saugglocke so an, dass der Abfluss der Toilette möglichst ganz verschlossen ist. Dann drücken und ziehen Sie ruckartig am Stiel. Bis der Pfropf sich löst, müssen Sie bis zu zehn Mal pumpen.

→4

Sobald das Wasser abgeflossen ist, spülen Sie einmal nach. Damit das WC-Becken jetzt wieder hygienisch sauber wird, spritzen Sie etwas Chlor- oder WC-Reiniger hinein und schrubben es gründlich mit der Klobürste.

 AUF DIE SCHNELLE

`10 MIN.` Blitzputz im Büro

Egal, ob Ihr Home Office nur aus einem Sekretär im Schlafzimmer besteht oder aus einem voll ausgestatteten Raum: Auch hier sollten Sie einmal pro Woche Ordnung schaffen, damit sich kein Staub ansammelt und die Arbeit wieder Spaß macht.

1 FÜR FRISCHE LUFT SORGEN
Öffnen Sie die Fenster und lassen Sie möglichst viel frische Luft herein. Für einen angenehmen Geruch sorgen auch Duftkerzen und natürliche Raumerfrischungssprays.

2 AUFRÄUMEN
Alles, was sich im Büro angesammelt hat und eigentlich in einen anderen Raum gehört, wird jetzt herausgeschafft: Kaffeebecher und Teller zum Beispiel kommen in die Küche, Kleider in den Schrank.

3 SCHREIBTISCH ORDNEN
Stapeln Sie lose Schriftstücke zum späteren Ausmisten und Abheften auf, räumen Sie Bücher und Zeitschriften ins Regal und verstauen Sie Stifte, Notizbücher und anderen Kleinkram an seinen Platz.

4 TISCHPLATTE ABWISCHEN
Jetzt ist Platz zum Putzen: Mit einem feuchten Lappen und einem Spritzer Allzweckreiniger wischen Sie die Tischplatte gründlich ab. So entfernen Sie in einem Durchgang Staub und klebrige Flecken.

BLITZPUTZ IM BÜRO

5 TASTATUR REINIGEN
Schütteln Sie die Tastatur zunächst kopfüber aus, um Staub und Krümel herauszubekommen. Danach wischen Sie mit einem nur nebelfeuchten Mikrofasertuch sanft über die Tasten.

6 BILDSCHIRM ABSTAUBEN
Mit einem trockenen Mikrofasertuch lässt sich im Handumdrehen der Staub vom Bildschirm, aber auch von seinem Gehäuse, dem Fuß und der Rückseite abwischen.

7 TELEFON PUTZEN
Das Telefon wird – wie die Tastatur – mit einem schwach feuchten Mikrofasertuch abgewischt. Einmal im Monat reinigen Sie den Hörer eventuell zusätzlich mit etwas Desinfektionsspray.

8 KABELSALAT BESEITIGEN
Entwirren Sie die Kabel und stecken Sie sie entlang der Fußbodenleiste oder hinter dem Tisch fest, sodass möglichst wenige davon über den Scheibtisch verlaufen.

9 SCHREIBTISCHSTUHL SÄUBERN
Reiben Sie den Stuhl mit einem feuchten Tuch ab, um Haare und oberflächlichen Schmutz zu beseitigen. Bei Flecken müssen Sie ein paar extra Minuten investieren und mit Polsterschaum zu Werke gehen.

10 STAUBSAUGEN
Zum Schluss kommt der Staubsauger zum Einsatz: Reinigen Sie den Raum wie immer vom hinteren Ende Richtung Tür und saugen Sie besonders gründlich unter dem Tisch und am Eingang.

AUF DIE SCHNELLE

10 MIN. Laptop reinigen

Laptops, mit denen man viel unterwegs ist, sammeln besonders viel Staub, Dreck und Bakterien an. Das beschleunigt den Verschleiß und kann die Funktion beeinträchtigen. Mit der hier gezeigten schnellen Reinigung bleibt Ihr gutes Stück länger fit.

DAZU BRAUCHEN SIE:
Mikrofasertücher
Druckluftspray
Isopropylalkohol
Wattestäbchen

→1

→2

Zuerst schalten Sie den Laptop aus, klappen ihn zu und ziehen alle Kabel und externen Geräte ab. Dann wischen Sie die Außenseiten des Gehäuses mit einem wirklich nur nebelfeuchten, sauberen Mikrofasertuch ab.

Öffnen Sie den Laptop wieder und sprühen Sie aus etwa 15 Zentimetern Entfernung vorsichtig Druckluft zwischen die Tasten, an die Lüftung, die Schnittstellen und das CD-Fach. So lösen sich Haare, Staub und Krümel.

LAPTOP REINIGEN

BEVOR SIE LOSLEGEN

LAPTOP VOM NETZ TRENNEN → Wasser und Elektrizität vertragen sich nicht.

NICHT HETZEN → In der Eile macht man leicht Fehler und kann etwas beschädigen.

EXTERNE GERÄTE ENTFERNEN → Maus, Druckerkabel, USB-Sticks – kurzum: alles, was man an den Laptop anschließen kann, muss vor dem Reinigen weg.

Extra-Tipps

Ein weicher Malerpinsel erledigt den selben Job, antistatische Tücher eignen sich gut zur Reinigung des Bildschirms.

Isopropylalkohol und Wattestäbchen sind ideal, um Tasten und Zwischenräume zu reinigen, weil Alkohol schnell verdunstet und nicht in den Laptop eindringen kann. Das wäre fatal.

→3

Tauchen Sie ein Wattestäbchen in Isopropylalkohol und drücken Sie es sorgfältig aus. Damit putzen Sie zwischen den einzelnen Tasten, bevor Sie die Tastatur im Ganzen mit dem nebelfeuchten Mikrofasertuch abwischen.

→4

Den Bildschirm stauben Sie zuerst mit einem trockenen Mikrofasertuch ab. Dann wischen Sie mit dem nebelfeuchten Tuch darüber. Zum Schluss wird er mit einem zweiten sauberen Mikrofasertuch sanft trockengerieben.

Der Abwasch

DER ABWASCH

Alles für den Abwasch

Wenn Sie keine Spülmaschine haben, handbemalte Keramik spülen wollen oder zwischendurch mal rasch zwei, drei Teile sauber machen müssen, heißt es: von Hand abspülen. Das muss nicht ewig dauern. Mit System und dem richtigen Handwerkszeug spülen Sie ruckzuck einen ganzen Stapel Geschirr weg. Am schnellsten geht es, wenn Sie alles, was Sie dazu brauchen, in der Nähe der Spüle aufbewahren, zum Beispiel im Unterschrank.

SPÜLSCHWÄMME
Es gibt Schwämme mit sanftem oder mit rauem Scheuervlies. Die sanften eignen sich auch für beschichtete Töpfe.

SCHWAMM MIT SPÜLMITTELSPENDER
Praktisch für einen kleinen Abwasch von zwei oder drei Teilen zwischendurch: In den Griff dieses Schwamms kann man Spülwasser füllen und gezielt verwenden.

BESTECKKORB
Geschirr kommt aufs Abtropfgitter, Besteck in den Korb. Oft gibt es beides im Set und man kann den Korb einhängen. Messer sollten Sie sicherheitshalber mit der Klinge nach unten trocknen, den Rest besser aufrecht.

GESCHIRRTÜCHER
Nehmen Sie für jeden Abwasch ein frisches Tuch und trocknen Sie zuerst die Gläser. Gewaschen werden die Tücher möglichst heiß.

WASCHSCHÜSSEL
Eine Plastikwanne schützt die Spüle vor Kratzern und darin gespülte Gläser vor dem Zerbrechen.

ALLES FÜR DEN ABWASCH

SCHEUERSPIRALE
Damit entfernen Sie auch Angebranntes. Für beschichtete Töpfe gibt's auch sanftere Scheuerschwämme aus Kunststoff.

SPÜLMITTEL
Die Menge macht's: Ein Spritzer Spülmittel reicht locker für eine ganze Spüle voll Wasser.

SPÜLBÜRSTE
Fürs grobe Vorspülen, zum Reinigen der Gabelzinken, der Knoblauchpresse und von Sieben brauchen Sie unbedingt eine Bürste.

ABTROPFGITTER
Geschirr an der Luft zu trocknen, spart viel Zeit. Das Gitter steht auf der Ablauffläche oder einer passenden Auffangschale.

GUMMIHANDSCHUHE
Vor rauen, trockenen Spülhänden bewahrt Sie nur eins: immer Handschuhe tragen!

WEICHER SCHWAMM
Besonders sanft zu Glas und feinem Porzellan.

DER ABWASCH

4 MIN. Den Abwasch vorbereiten

Nach einer guten Vorbereitung geht der eigentliche Abwasch umso schneller: Innerhalb von ein paar Minuten haben Sie die Töpfe eingeweicht, die Spüle freigeräumt, das Geschirr sortiert und das Spülbecken mit heißem Wasser gefüllt.

DAZU BRAUCHEN SIE:

Spülmittel
Schwamm
Spülbürste
eventuell Waschschüssel

→1

→2

Stark verschmutzte Töpfe und Pfannen füllen Sie mit einem Spritzer Spülmittel und so viel heißem Wasser, dass die Verkrustungen bedeckt sind. Während der übrigen Vorbereitungen kann das Ganze schon mal einweichen.

Spüle und Abtropffläche müssen meist erst einmal freigeräumt werden. Dasselbe gilt für das Abtropfgitter und den Besteckkorb. Was sauber ist, kommt in den Schrank, der Rest wird auf einer Seite der Spüle gestapelt.

DEN ABWASCH VORBEREITEN

BEVOR SIE LOSLEGEN

WENN SIE NICHT SOFORT ABSPÜLEN → Wenigstens einweichen oder vorspülen.

FETT NICHT IN DEN ABFLUSS GIESSEN → Stattdessen in einem Schraubglas sammeln und gemäß Abfallordnung entsorgen.

EIWEISSHALTIGE ESSENSRESTE → Milch, Ei und Getreide weichen in kaltem Wasser besser auf als in warmem.

Spülmaschinen beladen

Essensreste sollte man zuvor abschaben, alle stark verschmutzten Stücke kurz unter fließendem Wasser abspülen. So werden sie sauberer und beginnen in der Maschine nicht zu stinken.

Sinnvoll ordnen: Wenn Sie zueinander gehörende Stücke nebeneinander in die Maschine räumen, geht später das Ausräumen wesentlich schneller.

→3

Essensreste werden abgekratzt, danach sortieren Sie das Geschirr neben der Spüle grob nach der Reihenfolge vor, in der später abgespült wird (siehe Seite 108–109). Danach wischen Sie Spüle und Abtropffläche sauber.

→4

Füllen Sie ein Becken mit heißem Wasser und einem Spritzer Spülmittel. In ein zweites Spülbecken oder eine Waschschüssel kommt klares heißes Wasser: Darin spülen Sie später das saubere Geschirr nach.

DER ABWASCH

Geschirr spülen

Am schnellsten geht der Abwasch, wenn Sie mit den weniger stark verschmutzten, feineren Dingen beginnen und sich dann zu den schmutzigeren, gröberen vorarbeiten. So bleibt das Spülwasser länger sauber und muss kaum gewechselt werden.

DAZU BRAUCHEN SIE:

Spülmittel
Schwamm
Abtropfgitter
Spülbürste
Scheuerspirale oder -vlies

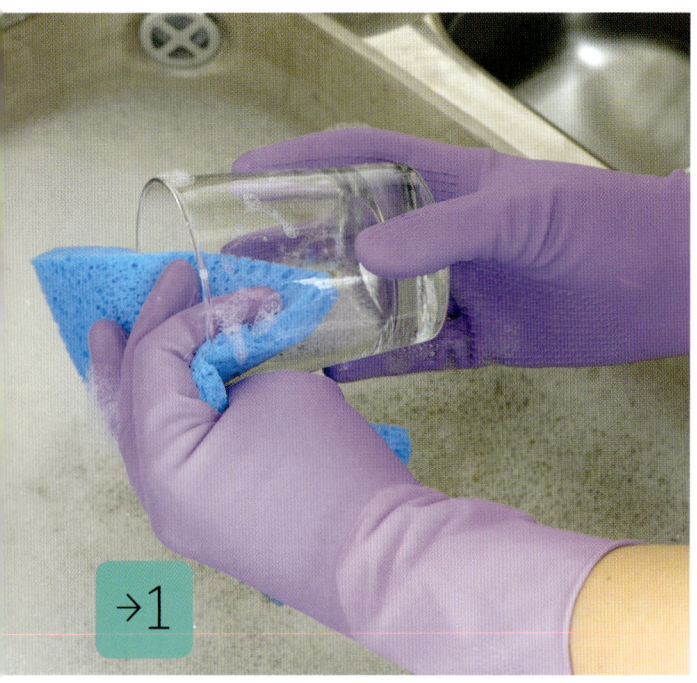

→1

→2

Glas wird zuerst gespült, dafür nehmen Sie den Schwamm. Reiben Sie Gläser und Schalen sanft im Spülwasser aus und tauchen Sie sie anschließend in das klare Nachspülwasser. Zum Abtropfen kommen sie kopfüber auf das Gitter.

Bei den Tellern greifen Sie zuerst zu den saubersten. Sie werden einzeln und sorgfältig mit der Spülbürste gereinigt, nachgespült und zum Abtropfen auf das Gitter gestellt. Sobald das Spülwasser trüb wird, tauschen Sie es aus.

GESCHIRR SPÜLEN

AKTIONSPLAN

VORHER → Je heißer das Wasser, desto besser. Ein Grund mehr für Gummihandschuhe.

WÄHREND DER ARBEIT → Sobald das Spülwasser trüb oder das Nachspülwasser schaumig ist, wird es ausgetauscht.

DANACH → Den Abfluss reinigen, die Spüle mit heißem Wasser und etwas Spülmittel auswaschen und trockenreiben.

Extra-Tipps

An der Luft trocknen ist die hygienischste und zeitsparendste Methode. Dazu lässt man das Geschirr einfach auf dem Abtropfgitter stehen.

Mit dem Geschirrtuch abgetrocknet, kann alles *sofort* zurück an seinen Platz. Verwenden Sie aber immer ein frisches Tuch, sonst können Bakterien auf das saubere Geschirr gelangen.

→3

→4

Das Besteck ist als nächstes dran. Bei so kleinen Teilen ist besondere Sorgfalt gefragt: Mit der Spülbürste bekommen Sie auch den Dreck zwischen den Gabelzinken gut weg. Danach ebenfalls spülen und abtropfen lassen.

Töpfe und Pfannen schrubben Sie je nach Verschmutzung mit der Scheuerspirale, beschichtete Modelle aber grundsätzlich nur mit einem sanften Scheuervlies. Anschließend werden sie nachgespült und tropfen auf dem Gitter ab.

DER ABWASCH

5 MIN. Gläser zum Glänzen bringen

Gläser bekommen in der Spülmaschine oft weiße Schlieren. Wenn das Glas erst einmal von zu viel Spülmittel und Hitze korrodiert ist, kann man nichts mehr daran ändern. Leichte Kalkschlieren dagegen bekommt man mit Essigwasser gut wieder weg.

DAZU BRAUCHEN SIE:
Spülmittel
Waschschüssel
Branntweinessig
Schwamm
Abtropfgitter

→1

→2

Füllen Sie die Spüle mit heißem Wasser und einem Spritzer Spülmittel. In ein zweites Becken oder eine Waschschüssel geben Sie Essig und Wasser im Verhältnis 1:8. Im dritten Behälter ist klares heißes Wasser.

Beginnen Sie mit dem ersten Glas: Tauchen Sie es ins Spülwasser und reiben Sie es mit einem weichen Schwamm aus, besonders gründlich rings um den Rand, wo meist besonders viele Flecken und Abdrücke sind.

GLÄSER ZUM GLÄNZEN BRINGEN

BEVOR SIE LOSLEGEN

GUMMIHANDSCHUHE ANZIEHEN → Je heißer das Wasser, desto sauberer die Gläser.

WASCHSCHÜSSELN VERWENDEN → In Wannen oder Schüsseln aus Plastik sind feine Gläser weniger gefährdet.

GROSSE SCHÜSSEL FÜR ESSIGLÖSUNG → Sie muss genügend Platz bieten, um auch Ihre größten Gläser darin zu bewegen.

Extra-Tipp

Auch Borax eignet sich gut für Gläser und hat zudem den Vorteil, dass er anders als Essig neutral riecht. Die Reinigungslösung mischen Sie aus 1 Teelöffel Borax und 1 Liter heißem Wasser. Man verwendet die Lösung genauso, wie in Schritt 3 gezeigt. Da Borax nicht verschluckt werden sollte, muss man besonders gründlich nachspülen.

→3

Gleich anschließend wenden Sie das Glas vorsichtig in der Schüssel mit der Essiglösung. Tauchen Sie dabei zuerst den Rand des Glases in die Lösung und dann den Boden, beziehungsweise bei Weingläsern den Fuß.

→4

Zum Schluss spülen Sie das Glas im heißen Wasser nach, um Spülmittel und Essig zu entfernen. Zum Abtropfen stellen Sie es kopfüber auf das Gitter oder ein sauberes Geschirrtuch. Die übrigen Gläser spülen Sie genauso.

DER ABWASCH

Topf- und Pfannenpflege

Am besten bleibt Ihr Kochgeschirr in Schuss, wenn Sie es nach jedem Einsatz gründlich sauber machen. So bildet sich keine hartnäckige Schmutz- und Fettschicht, die dann kaum noch abzukriegen ist. Mit dem richtigen Handwerkszeug bekommen Sie fast alle schmutzigen Töpfe und Pfannen in ein oder zwei Minuten wieder sauber. Wenn einmal etwas angebrannt ist, weichen Sie es zunächst eine Weile ein.

SPÜLMITTEL
Die Allzweckwaffe gegen fettiges Geschirr. Die meisten modernen Produkte lösen Fett schnell und wirksam.

GESCHIRRTÜCHER
Ineinandergestapelt können beschichtete Pfannen zerkratzen. Einfachste Lösung: Tücher oder zugeschnittene Kartonstücke dazwischenlegen.

SCHEUERSPIRALE
Damit bekommen Sie Angebranntes wieder von Edelstahltöpfen ab. Zuvor weicht man die Töpfe eine Weile in Spülwasser ein.

NATRON
Diese umweltfreundliche Alternative zu handelsüblichen Putzmitteln wirkt wie eine milde Lauge und ein sanftes Scheuermittel in einem.

TOPF- UND PFANNENPFLEGE

MIKROFASERTÜCHER
Damit bekommen Sie Fettflecken an der Außenseite von Edelstahltöpfen und -pfannen wieder ab.

KÜCHENPAPIER
Beschichtetes Kochgeschirr leidet unter zuviel Abspülen. Wenn es nur ein wenig fettig ist, kann man es auch mit Küchenpapier ausreiben.

ZITRONENSAFT
In Kombination mit Salz ein wirksames und umweltfreundliches Reinigungsmittel für Kupfergeschirr.

GUMMIHANDSCHUHE
Wie immer, wenn Reinigungsmittel und Wasser im Spiel sind, sollten Sie Ihre Hände schützen.

SALZ
Mit Salz und Zitronensaft bringen Sie angelaufene Kupfertöpfe am besten wieder zum Glänzen.

DER ABWASCH

Angebranntes entfernen

Vergeuden Sie keine Zeit mit dem Versuch, angebrannte Essensreste vom Topf- oder Pfannenboden abzukratzen. Wenn Sie Kochgeschirr zügig einweichen und nicht warten, bis alles schon eingetrocknet ist, geht das Abwaschen schnell und mühelos.

DAZU BRAUCHEN SIE:

Holzlöffel oder Plastikschaber
Natron
Scheuerspirale
Spülmittel
Spülbürste

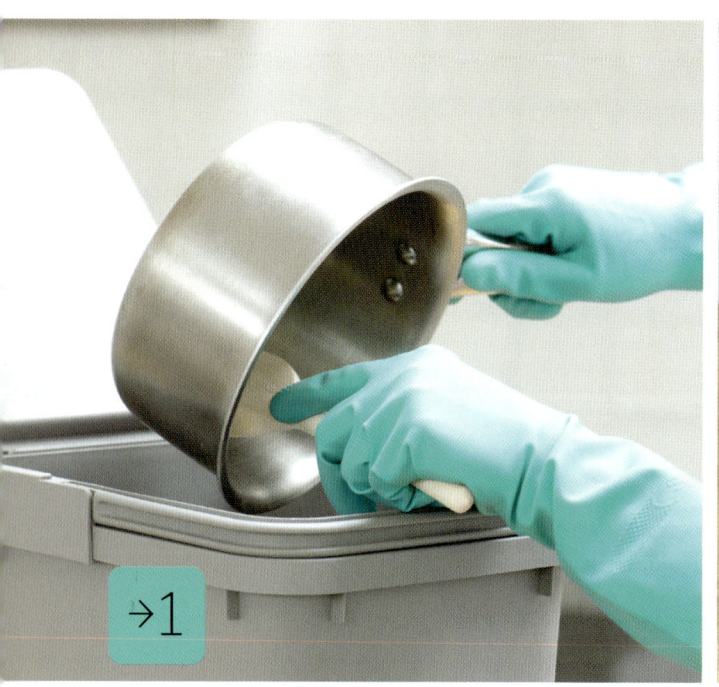

→1

Kratzen Sie die losen Reste mit einem Holzlöffel oder einem Pfannenwender ab, am besten direkt über dem Mülleimer. Bei Töpfen und Pfannen mit Antihaftbeschichtung verwenden Sie stattdessen einen Gummischaber.

→2

Streuen Sie etwas Natron auf den angebrannten Bodensatz und gießen Sie nur so viel heißes Wasser darüber, dass die verschmutzten Stellen bedeckt sind. Dann lassen Sie das Ganze mindestens eine Stunde einweichen.

ANGEBRANNTES ENTFERNEN

BEVOR SIE LOSLEGEN

GUMMIHANDSCHUHE ANZIEHEN → Das schützt die Hände bei jedem Arbeitsschritt.

KEIN HOLZ EINWEICHEN → Kochlöffel, Schneidebretter und Messer mit Holzgriff quellen im Wasser auf und können brechen.

BESCHICHTUNGEN SCHONEN → Antihaftbeschichtungen sind empfindlich gegenüber Scheuermitteln und Edelstahlschwämmen.

Extra-Tipp

Anstatt mit Natron können Sie Angebranntes auch mit Waschmittel lösen: Kratzen Sie lose Reste wie in Schritt 1 gezeigt ab. Dann geben Sie etwas Waschmittel in den Topf und füllen ihn halb mit Wasser. Das Ganze lassen Sie etwa 15 Minuten sanft köcheln, bis sich der Bodensatz gelöst hat und mit einem Löffel abgeschabt werden kann.

→3

Mit einer Scheuerspirale aus Edelstahl (bei beschichteten Töpfen mit einem Scheuerschwamm aus Kunststoff) schrubben Sie die Essensreste restlos ab. Gründlich eingeweicht geht das in der Regel ganz leicht.

→4

Schütten Sie das Einweichwasser samt der gelösten Reste weg. Danach reinigen Sie den Topf wie gewohnt mit einer Spülbürste in heißem Wasser und etwas Spülmittel, spülen mit klarem Wasser nach und lassen ihn trocknen.

 DER ABWASCH

10 TIPPS Spülmaschinen

Ein Geschirrspüler funktioniert wie eine Dusche: Er macht nur das sauber, was der Wasserstrahl des Sprüharms erreicht. Wenn Sie am Ende kein schmutziges Geschirr ausräumen wollen, kommt es also auch auf die richtige Technik beim Einräumen an.

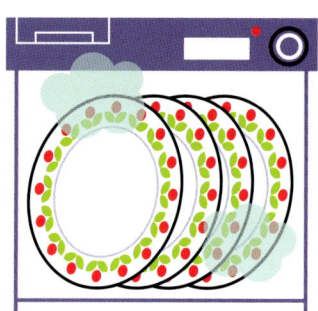

1 NICHT VORSPÜLEN
Normalerweise reicht es völlig aus, zuvor Essensreste grob vom Teller in den Müll zu schaben. Ausnahme: Eingetrocknetes. Das sollte man unter fließendem Wasser etwas aufweichen und abschrubben.

2 ALLES AN DEN RICHTIGEN PLATZ
Das Geschirr im unteren Korb wird heißer und intensiver abgewaschen: genau richtig für stark verschmutzte Teller und Töpfe. In den oberen Korb kommt empfindlicheres Geschirr wie Gläser und Tassen.

3 BESTECK RICHTIG EINRÄUMEN
Damit sich das Besteck nicht verhakt und deshalb schlecht sauber wird, kommt es mit dem Griff teils nach oben, teils nach unten in den Korb. Manche Maschinen haben darum eine flache Besteckschublade.

4 ABSTAND HALTEN
Die Maschine sollte zwar möglichst voll sein, aber nicht so voll, dass sich das Geschirr berührt und überlagert, sonst wird es nicht sauber oder bricht. Außerdem müssen beide Sprüharme frei beweglich sein.

10 TIPPS ZUM THEMA SPÜLMASCHINEN

5 ALLES SPÜLMASCHINENFEST?
Beschichtete Töpfe, hitzeempfindliche Plastikteile, handbemalte Keramik, Porzellan mit farbigem Dekor, Holz- und Perlmuttgriffe, Holzlöffel und hölzerne Schneidebretter gehören nicht in die Spülmaschine.

6 KLARSPÜLER AUFFÜLLEN
Füllen Sie das Klarspülerfach regelmäßig auf, das sorgt dafür, dass das Wasser keine Kalkflecken auf dem Geschirr hinterlässt. Aber Vorsicht: übergelaufener Klarspüler bildet extrem viel Schaum.

7 NICHT ZU HEISS SPÜLEN
Das Intensivprogramm braucht man nur für stark verschmutztes, angetrocknetes Geschirr. Im Normalfall reicht das Programm mit 50 °C völlig aus, es reinigt hygienisch, schont das Geschirr und die Umwelt.

8 FILTER SÄUBERN
Neuere Geräte haben selbstreinigende Filter. Bei den älteren muss man die Filter regelmäßig herausnehmen und sauber machen. Wie das bei Ihrer Maschine geht, steht in der Gebrauchsanweisung.

9 SALZ AUFFÜLLEN
Zur Wasserenthärtung brauchen Spülmaschinen ein spezielles Salz. Wenn Sie Kombi-Tabs mit Salz verwenden, können Sie zwar die Dosierung verringern, der Salzbehälter muss aber trotzdem gefüllt sein.

10 SPÜLMASCHINENPFLEGE VERWENDEN
Alle paar Monate lassen Sie die Maschine einmal ungefüllt laufen und verwenden einen spezielles Produkt zur Spülmaschinenpflege. Vorher die Gummidichtungen gemäß Anleitung damit abreiben.

DER ABWASCH

Spülbecken putzen

In den Spülbecken vermehren sich Bakterien besonders schnell, deswegen sollten Sie sie mindestens einmal pro Woche gründlich mit Chlorreiniger putzen. Tragen Sie dabei immer Gummihandschuhe und vermeiden Sie Hautkontakt.

> **DAZU BRAUCHEN SIE:**
> Chlorreiniger
> eine alte Zahnbürste
> Schwamm mit sanftem Scheuervlies

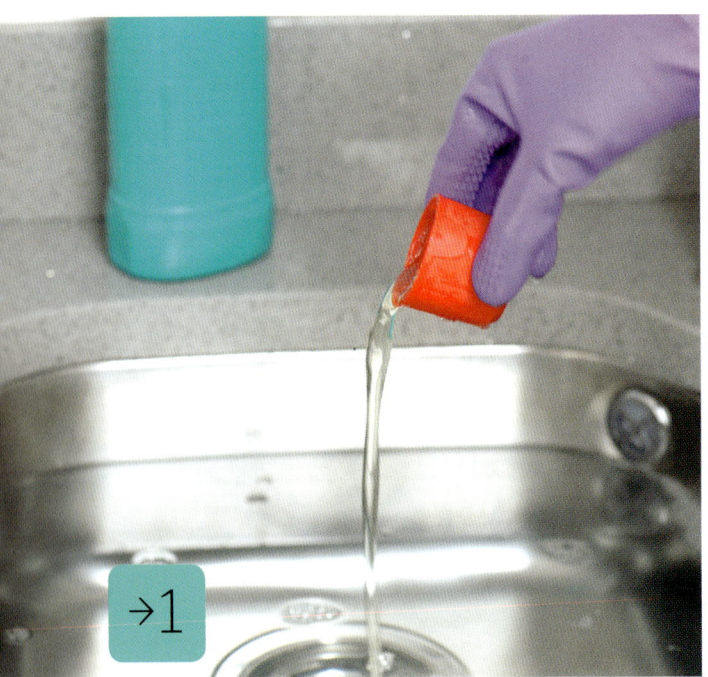

→1 Räumen Sie die Spüle frei und füllen Sie sie bis knapp unter den Überlauf mit heißem Wasser. Dann geben Sie eine Deckelfüllung Chlorreiniger dazu und lassen die Lösung einige Minuten lang im Spülbecken einwirken.

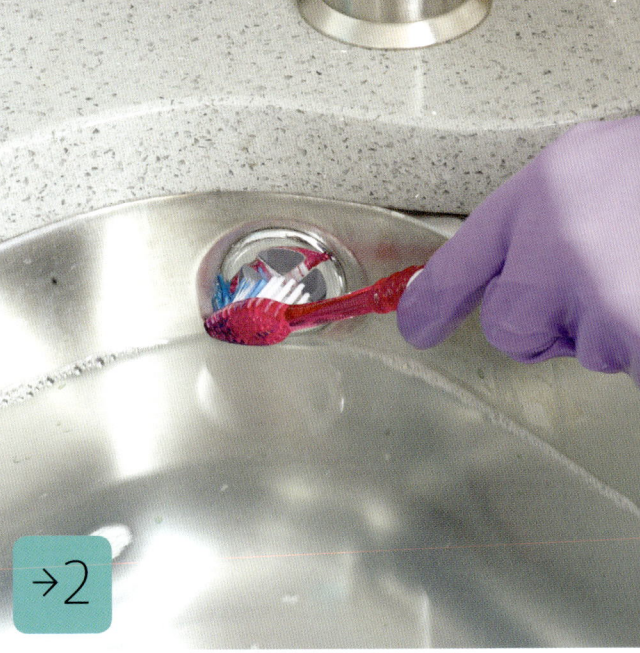

→2 Am Überlauf sammelt sich besonders viel Schmutz. Schütten Sie etwas von der Chlorreinigerlösung im Becken in den Überlauf und schrubben Sie die Ränder dann gründlich mit einer alten Zahnbürste.

SPÜLBECKEN PUTZEN

WAS WIE OFT

TÄGLICH → Die Spüle nach jeder Benutzung auswischen, vor allem um die Armaturen und den Überlauf herum.

WÖCHENTLICH → Gründlich wie unten gezeigt putzen und desinfizieren.

MONATLICH → Spülbürsten und Scheuerspiralen zum Desinfizieren in Chlorreinigerlösung legen oder durch neue ersetzen.

Extra-Tipps

Keramik- und Verbundstoffbecken putzt man statt mit Chlor nur mit warmem Spülwasser, sonst werden Sie stumpf. Flecken mit Natron entfernen.

Waschschüsseln aus Plastik sollten Sie wöchentlich mit einem in Chlorreinigerlösung getauchten Schwamm auswischen, während Sie die Spüle putzen.

→3

Dann schrubben Sie mit einem Schwamm mit sanftem Scheuervlies Flecken und Verfärbungen vom Beckenrand, während die Chlorreinigerlösung noch darin ist. Die meisten Flecken bilden sich rund um den Abfluss.

→4

Lassen Sie die Lösung eine Stunde oder über Nacht einwirken. Danach lassen Sie sie ablaufen und spülen das gesamte Becken gründlich mit klarem Wasser aus, bis Sie sicher sind, dass kein Chlorreiniger mehr daran ist.

DER ABWASCH

5 MIN.

Den Abfluss reinigen

Wenn das Wasser aus dem Spülbecken schlecht abläuft, ist meistens das Abflussrohr verstopft. Fett und Essensreste sind wahrscheinlich die Ursache. Aber keine Sorge: Das Problem können Sie meist in ein paar Minuten beheben.

DAZU BRAUCHEN SIE:

Natron
Branntweinessig
Saugglocke (Pümpel)
Chlorreiniger

→1

→2

Streuen Sie zunächst 80–100 Gramm Natron in den Abfluss. Danach spülen Sie mit ¼ Liter kochendem Wasser nach. Bei einer harmlosen Verstopfung kann diese Methode ausreichen und der Abfluss ist wieder frei.

Zweiter Versuch: Gießen Sie 80–100 ml Branntweinessig in den Abfluss. Auch hier spülen Sie wieder mit kochendem Wasser nach, am besten mit einem ganzen Kessel voll. Wenn auch das nicht hilft, folgt Schritt 3.

DEN ABFLUSS REINIGEN

WAS WIE OFT

TÄGLICH → Essensreste aus dem Abflusssieb klauben und gründlich nachspülen.

WÖCHENTLICH → Einen Kessel kochendes Wasser in den Ausguss gießen, damit sich im Abflussrohr erst gar nichts ansammelt.

MONATLICH → Eine Tasse Essig in den Ausguss gießen, um kleinere, noch kaum spürbare Verstopfungen aufzulösen.

Extra-Tipps

Auch mit Natron kann man Fett im Abflussrohr lösen. Streuen Sie zwei Tassen Natron in den Ausguss und spülen Sie langsam mit einem Kessel voll kochendem Wasser nach.

Notlösung: chemische Abflussreiniger. Da sie giftig sind, sollten Sie immer Handschuhe tragen und die Spüle danach noch gründlicher auswaschen.

→3

Die Saugglocke sollten Sie nur ansetzen, wenn 2–5 cm Wasser in der Spüle stehen. Bedecken Sie den Abfluss mit der Glocke und pumpen Sie mehrmals kräftig und ruckartig, bis sich der Pfropf löst.

→4

Sobald der Abfluss wieder frei ist, spülen Sie das Becken gründlich aus und desinfizieren es mit etwas Chlorreiniger. Wenn das Problem weiterhin besteht, helfen nur noch chemische Abflussreiniger oder der Klempner.

Wäschepflege

WÄSCHEPFLEGE

Wäsche sortieren

5 MIN.

Konsequentes Sortieren ist die einzige Art, wie man große und kleine Katastrophen beim Waschen vermeiden kann. Ausschlaggebend sind die Pflegesymbole auf den Etiketten, den sogenannten »Waschzetteln«. Sie berücksichtigen neben der Empfindlichkeit auch, ob ein Wäschestück aus verschiedenen Materialien besteht und ob Knöpfe oder Reißverschlüsse zu schützen sind.

→1

→2

Als Erstes sortieren Sie die Handwäsche aus. Dazu gehören vor allem Seide, feines Leinen, viele Kleidungsstücke aus Wolle und Dessous mit Spitze, Metallbügeln oder Polstern, die sich beim Waschen verformen können.

Die restliche Wäsche wird zuerst nach den Pflegesymbolen hinsichtlich Waschtemperatur und Schonwäsche sortiert, dann nach der Farbe. Weißes, helle Farben, Buntes und dunkle Farben bilden jeweils einen eigenen Stapel.

WÄSCHE SORTIEREN

PFLEGESYMBOLE

 WASCHEN Die Zahl im Symbol bezeichnet die maximale Temperatur.

 WASCHEN Die Linie unter dem Symbol steht für den Schonwaschgang.

 HANDWÄSCHE Ohne Temperaturangabe bedeutet: lauwarm oder kalt.

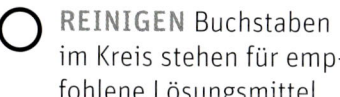 **REINIGEN** Buchstaben im Kreis stehen für empfohlene Lösungsmittel.

 **LIEGEND TROCKNEN** am besten auf einem Tuch über dem Trockengestell.

 **NICHT IM TROCKNER** Empfindliche Stücke müssen an der Luft trocknen.

 NICHT BLEICHEN Ein Dreieck ohne Kreuz heißt: Jede Art Bleichen erlaubt.

 BÜGELN 1 (niedrig) bis 3 Punkte zeigen die zulässige Bügeltemperatur.

 NICHT BÜGELN Stoffe mit dieser Kennzeichnung vertragen gar keine Hitze.

→3

Kontrollieren Sie die Taschen vor dem Waschen: Papiertaschentücher etwa lösen sich auf und bedecken die gesamtem Wäsche mit Flusen; Geldstücke oder Büroklammern können die Waschmaschine ruinieren.

→4

Drehen Sie dunkle Wäschestücke auf links, so behalten sie länger ihre Farbe. Das gleiche gilt für Kleidung mit Aufdruck. Außerdem sollten Sie alle Reiß- und Klettverschlüsse und die Knöpfe schließen, damit nichts zerrissen wird.

WÄSCHEPFLEGE

5 MIN. Weiße Wäsche

Füllen Sie Ihre Weißwäsche nicht einfach so, wie sie ist, in die Maschine. Ein paar Minuten zum gründlichen Sortieren und zum Vorbehandeln von Flecken erhalten das blütenreine Aussehen und ersparen Ihnen langes Einweichen oder erneutes Waschen.

DAZU BRAUCHEN SIE:

Vorwaschspray/Fleckentferner
Waschschüssel
Waschmittel
Waschmaschine
Wäscheleine oder Trockengestell

→1

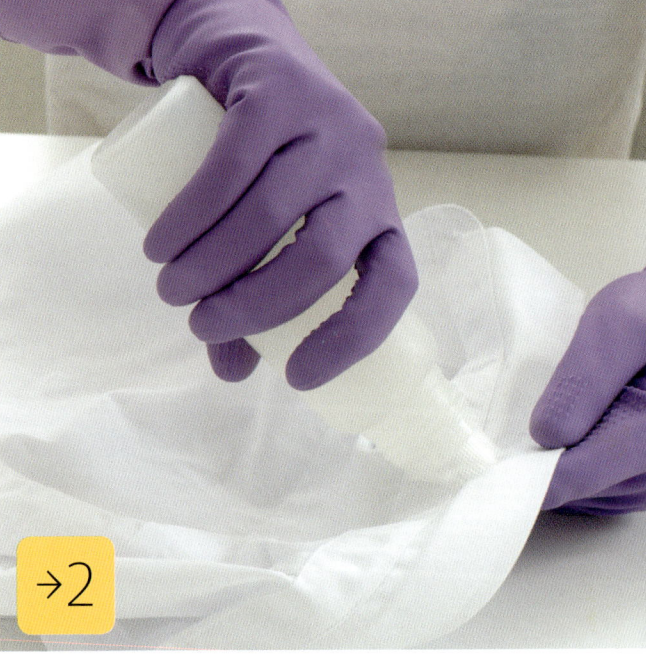

→2

Trennen Sie reinweiße Stücke konsequent von Beige-, Grau- und Pastelltönen, denn sonst bekommt Ihre Weißwäsche schon bald einen hässlichen Grauschleier. Die ganz hellen Stücke waschen Sie separat.

Hemden und Blusen sind berühmt für den »Kragenspeck«, der sich vor allem entlang der Falten bildet. Am besten löst er sich, wenn Sie ihn mit einem Fleckentferner vorbehandeln. Viele Flaschen haben einen Applikator.

WEISSE WÄSCHE

WAS WIE OFT

TÄGLICH → Getragene Weißwäsche auf Flecken untersuchen und möglichst sofort mit Fleckentferner behandeln.

WÖCHENTLICH → Weißwäsche aus dem Wäschekorb heraussortieren und wie unten beschrieben vorbehandeln und waschen.

MONATLICH → Wäschestücke mit Grauschleier wie rechts beschrieben entfärben.

Extra-Tipps

Weiße Wäsche mit Grauschleier weichen Sie zum Entfärben zwei Stunden lang in einer Mischung aus der empfohlenen Menge Fleckensalz und 40 Gramm Borax je Liter Wasser ein. Danach wird sie ausgedrückt und möglichst heiß gewaschen.

Auch kalkhaltiges Wasser kann die Wäsche grau färben, deshalb ist es wichtig, grundsätzlich Entkalker zu verwenden.

→3

→4

Vor dem Waschen weichen Sie weiße Wäsche möglichst eine Stunde lang in heißem Wasser und etwas Waschmittel oder Fleckensalz ein. Danach wird sie bei der höchsten empfohlenen Temperatur in der Maschine gewaschen.

An der Sonne getrocknet wird weiße Wäsche besonders frisch und strahlend, denn die Sonne wirkt wie ein natürliches (und sehr starkes) Bleichmittel. Ausnahme: Sie wohnen in einer Gegend mit hoher Luftverschmutzung.

 DIE WÄSCHE

^{10 TIPPS} Pflege der Waschmaschine

Wie die meisten Geräte, profitiert auch Ihre Waschmaschine von achtsamer Handhabung und etwas Pflege – vor allem wenn sie oft im Einsatz ist. Das kostet kaum Zeit, es spart unterm Strich eher welche, denn die Maschine läuft länger und besser.

1 NICHT ÜBERLADEN
Natürlich ist es verlockend, so viel wie möglich in die Maschine zu füllen. Aber: Wenn sich die Wäsche nicht richtig in der Trommel bewegt und aneinander reibt, wird sie nicht sauber.

2 TROMMEL LÜFTEN
Lassen Sie die Fülltür der Waschmaschine nach dem Waschen immer offen, damit die Trommel gründlich trocknet. Sonst kann sich (vor allem in einer weniger benutzen Maschine) Schimmel bilden.

3 DICHTUNG SÄUBERN
Die Gummidichtung an der Tür sollten Sie regelmäßig mit einem feuchten Tuch abwischen. Vor allem bei niedrigen Temperaturen und der Verwendung von Flüssigwaschmittel bilden sich hier schleimige Ablagerungen.

4 WASCHMITTEL-EINSPÜLKASTEN REINIGEN
Alle paar Monate ziehen Sie den Kasten ganz heraus und spülen die Waschmittelrückstände mit warmem Wasser aus. Am einfachsten geht das, wenn Sie die Fächer mit einer Flaschenbürste schrubben.

10 TIPPS ZUR PFLEGE DER WASCHMASCHINE

5 GEHÄUSE ABWISCHEN
Zum Abwischen des Gehäuses verwenden Sie ein gut ausgewrungenes Tuch, Wasser und ein mildes Reinigungs- oder Spülmittel, keine Scheuermilch. Danach reiben Sie es mit einem weichen Tuch trocken.

6 FILTER REINIGEN
Je nach Modell und Alter Ihrer Maschine müssen Sie regelmäßig den Laugenfilter und sein Gehäuse von Fremdkörpern, Kalk und Waschmittelablagerungen befreien. Halten Sie sich an die Gebrauchsanweisung.

7 REINIGUNGSDURCHLAUF
Vor allem wenn Sie meistens bei niedrigen Temperaturen waschen, sollten Sie die Maschine von Zeit zu Zeit leer im Kochprogramm laufen lassen, um sie von Kalk und Waschmittelrückständen zu befreien.

8 NATRON ODER ESSIG ZUGEBEN
Ist die Maschine recht verkalkt, dann geben Sie beim Reinigungsdurchlauf eine Tasse Natron oder Branntweinessig in den Einspülkasten. Das hilft, den Kalk besser zu lösen.

9 KALK AM EINSPÜLKASTEN ENTFERNEN
Kalkablagerungen auf der Rück- und Unterseite des Einspülkastens bekommen Sie mit einer in Essigessenz getauchten Zahnbürste ab. Bei Kalkverkrustungen weichen Sie den Kasten in einer Essiglösung ein.

10 HAHN ABDREHEN
Wird die Maschine eine Zeit lang nicht benutzt, zum Beispiel während des Urlaubs, sollten Sie den Zulaufhahn abdrehen. So sind Sie sicher, dass es während Ihrer Abwesenheit keine Überschwemmung gibt.

WÄSCHEPFLEGE

Handwäsche

Manchmal gibt es keine Alternative zur Handwäsche. Zum Beispiel, wenn Sie ein Lieblingsteil schnell wieder brauchen, wenn Sie bei empfindlichen Stücken auf Nummer sicher gehen wollen oder wenn die eingenähte Pflegeanleitung es fordert. So oder so sollten Sie die Handwäsche der Hygiene halber immer in einer Plastikwanne oder dem Waschbecken erledigen – und nicht in der Küchenspüle.

GALLSEIFE
Altbewährt und umweltfreundlich: Gallseife löst auf sanfte Art Gras-, Fett-, Blut- und Obstflecken.

FLECKENTFERNER
Zur Vorbehandlung von Flecken gibt es verschiedene Vorwaschprodukte. Am beliebtesten sind Sprays oder, wie hier, flüssige Mittel mit einer integrierten Bürste. Damit kann man die Flecken kräftig einreiben.

WASCHSCHÜSSEL
Verwenden Sie für die Handwäsche nicht dieselbe Schüssel wie beim Spülen, sonst gibt's Speisefett an der Wäsche und Waschpulver am Geschirr.

HANDWÄSCHE

NAGELBÜRSTE
Mit Bürste und etwas Waschmittel schrubben Sie Hemdkrägen, Ärmelaufschläge und Achselflecken.

HANDWASCHMITTEL
Sie sind besonders sanft zu Wolle und Feinem und wirken auch bei niedrigen Temperaturen.

HANDTÜCHER
Wolle und Feines verzieht sich leicht beim Auswringen. Darum rollt man die Stücke einzeln in helle Frotteetücher ein. So wird die Feuchtigkeit sanft und gründlich herausgedrückt. Das verkürzt die spätere Trockenzeit.

GUMMIHANDSCHUHE
Auch milde Handwaschmittel entziehen der Haut viel Fett und machen Ihre Hände spröde.

WÄSCHEPFLEGE

Von Hand waschen

Moderne Waschmaschinen kommen mit den meisten Geweben klar. Die Handwäsche beschränkt sich also auf ein paar Einzelstücke. Das Gute daran: Je kürzer man Feines wäscht und je weniger man den Stoff rubbelt, desto besser. Ob ein Stück unbedingt Handwäsche verlangt, sehen Sie auf seinem Waschzettel. Wie es schnell und einfach geht, lesen Sie unten.

→1

→2

Füllen Sie eine Waschschüssel mit warmem, aber nicht heißem Wasser und geben Sie eine Verschlusskappe Handwaschmittel zu dem zulaufenden Wasser. Wenn die Farbe eines Stückes ausblutet, waschen Sie es einzeln.

Behandeln Sie Flecken vor dem Waschen mit einem geeigneten Fleckentferner und reiben Sie sanft Stoff gegen Stoff, um sie zu lösen. Dann spülen Sie die Flecken aus. Falls sie noch zu sehen sind, wiederholen Sie das Ganze.

Extra-Tipps

Seide sollte man nur kurz in kaltem Wasser und mildem Feinwaschmittel waschen. Danach wird sie in ebenfalls kaltem Wasser gespült. Beim letzten Spülgang können Sie etwas Haarspülung dazugeben, damit die Seide weich und geschmeidig bleibt.

Kaschmirwolle wäscht man in kaltem Wasser und Wollwaschmittel. Sie darf nicht ausgewrungen werden. Nach dem Spülen in kaltem Wasser wird sie in ein Handtuch gerollt, um das Wasser herauszudrücken, und liegend getrocknet.

Empfindliche Vintage-Kleider aus Mischgeweben (Baumwolle, Leinen oder Wolle mit Nylon oder Acryl) wäscht man einzeln in lauwarmem Wasser und Feinwaschmittel. Statt den Stoff zu reiben, klopft man ihn sanft zwischen den Händen.

→ 3

Beim Waschen drücken Sie die Lauge nur sanft durch das Gewebe. Vor allem Wolle und Wäschestücke mit Perlen, Spitzen oder Stickereien dürfen nie gerubbelt, auseinandergezogen oder ausgewrungen werden.

→ 4

Spülen Sie die Wäschstücke so lange in frischem Wasser, bis es klar bleibt. Danach drücken Sie nur ganz sanft etwas Wasser heraus und rollen das Teil in ein Frotteetuch. Beim Trocknen beachten Sie die Pflegeanleitung.

WÄSCHEPFLEGE

10 TIPPS: Wäsche drinnen trocknen

Wenn man keinen Platz im Freien und keinen Wäschetrockner hat, bleibt einem nichts anderes übrig, als die Wäsche in der Wohnung zu trocknen. Zehn Tipps, damit es nicht anfängt zu muffeln oder ein Zimmer ewig mit dem Wäscheständer zugestellt ist.

1 DER RICHTIGE WÄSCHESTÄNDER
Welches Modell für Sie das richtige ist, hängt vor allem von dem Platz ab, an dem sie den Wäscheständer aufstellen beziehungsweise anbringen: Er sollte warm und gut belüftet sein, möglichst sogar sonnig.

2 NICHT AUF DEM HEIZKÖRPER
Auf dem Heizkörper getrocknete Stoffe werden steif und können einlaufen. Außerdem entsteht viel Kondensflüssigkeit, die vom Heizkörper abgestrahlte Wärme sinkt und der Energieverbrauch steigt.

3 FENSTER ÖFFNEN
Damit die Feuchtigkeit abziehen kann, sollten Sie den Raum, in dem Ihre Wäsche trocknet, gut lüften. So geht es nicht nur schneller, es verhindert auch feuchte Wände, modrigen Geruch und Schimmelbildung.

4 SO WENIG FEUCHT WIE MÖGLICH
Vor dem Aufhängen muss durch Schleudern und Auswringen so viel Feuchtigkeit aus der Wäsche herausgebracht werden, wie möglich. Das beschleunigt das Trocknen und verhindert üblen Geruch.

10 TIPPS UM WÄSCHE DRINNEN ZU TROCKNEN

5 AUSSCHÜTTELN
Bevor Sie ein Stück aufhängen, schütteln Sie es einmal kurz und kräftig aus. So können Sie es ziemlich glatt aufhängen, es trocknet leichter und bildet weniger Falten, die sie später wieder herausbügeln müssen.

6 WETTER BEACHTEN
Waschen Sie möglichst nicht an besonders feuchten Regentagen, sondern nutzen Sie Wind und Sonne aus, denn das Wetter beeinflusst durch die geöffneten Fenster auch das Klima in der Wohnung.

7 RICHTIG AUFHÄNGEN
So trocknet es am schnellsten: Breiten Sie die einzelnen Stücke möglichst flächig aus, lassen Sie nichts auf den Boden hängen und zwischen den Stücken genügend Raum, damit die Luft zirkulieren kann.

8 BÜGEL VERWENDEN
Kleider, Blusen, Hemden und Jacken trocknen am besten auf Kleiderbügeln. So bleiben sie ohne viele Falten in Form. So lange sie noch tropfen, hängen Sie sie in die Dusche, danach an den Wäscheständer.

9 WOLLE LIEGEND TROCKNEN
Wolle hängt sich nass leicht aus und verliert die Form. Deshalb wird Wollkleidung liegend getrocknet; am besten auf einem weißen oder farbechten Handtuch oder einem speziellen Gitter über der Wanne.

10 BESCHLEUNIGEN
Dicke Pullis oder Bettwäsche brauchen oft ewig zum Trocknen und riechen bald muffig. Zum Beschleunigen können Sie einen Heizlüfter danebenstellen, allerdings nicht zu dicht und unbeaufsichtigt.

WÄSCHEPFLEGE

10 TIPPS Trocknerbenutzung

Trockner liefern zwar auf Knopfdruck und bei jedem Wetter trockene Wäsche, sie erhöhen aber auch drastisch den Energieverbrauch und nutzen Textilien schneller ab. Benutzen Sie den Trockner nur, wenn Sie Ihre Wäsche wirklich schnell wieder brauchen.

1 PFLEGEANLEITUNGEN BEACHTEN
Die meisten Textilien sind trocknergeeignet, zumal fast alle modernen Trockner einen kühleren Schongang haben. Ausnahmen sind hitzeempfindliche Stoffe wie Lycra®, Wolle und feine Seide.

2 MÖGLICHST WENIG FEUCHT EINLEGEN
Je mehr Feuchtigkeit der Wäsche zuvor beim Schleudern entzogen wurde, desto schneller – und damit schonender, umweltfreundlicher und kostengünstiger – trocknet sie in der Machine.

3 VOR DEM EINLEGEN AUSSCHÜTTELN
Schütteln Sie jedes Stück einzeln kurz auf und legen Sie es locker in die Trommel, anstatt die Wäsche als Knäuel in die Maschine zu stopfen. Der Trockner braucht sonst erst einige Minuten, die Wäsche aufzuschütteln.

4 NICHT ÜBERLADEN
Trocknertrommeln sind verlockend groß. Zu volle Ladungen dauern aber länger, schaden der Maschine und erzeugen viele Falten. Halten Sie sich an die in der Anleitung angegebenen Höchstmengen.

10 TIPPS ZUR TROCKNERBENUTZUNG

5 **NICHT ZU LANGE TROCKNEN**
Zu lange getrocknete Wäsche wird knitterig und spröde. Wenn es dennoch passiert ist, geben Sie ein nasses Handtuch dazu und lassen den Trockner noch einmal laufen (was leider Energieverschwendung ist).

6 **KLEINE TEILE HERAUSFISCHEN**
Drehen Sie die Trommel nach dem Entladen mit der Hand und suchen Sie sie nach kleinen Teilen ab. Meistens verstecken sich in ihren Tiefen noch Unterwäsche, Taschentücher und einzelne Socken.

7 **KINDER FERNHALTEN**
Erlauben Sie Kleinkindern niemals, mit dem Trockner oder der Waschmaschine zu spielen oder sie alleine zu bedienen. Vor allem während die Geräte laufen, sollten Sie die Kleinen möglichst fernhalten.

8 **FLUSENSIEB REINIGEN**
Das meist in der Fülltür oder der Vorderseite eingebaute Flusensieb muss nach jedem Trocknen gereinigt werden, sonst besteht Feuergefahr. Wischen Sie dabei auch die Halterung ab, in der das Sieb steckt.

9 **ABSCHALTEN**
Solange der Trockner nicht in Betrieb ist, ziehen Sie am besten den Stecker und schließen die Tür. So verhindern Sie Kurzschluss, Kabelbrand und Unfälle mit spielenden Kindern.

10 **INNEN UND AUSSEN REINIGEN**
Alle paar Monate sollten Sie die Trommel mit einem nur ganz schwach mit warmem Seifenwasser befeuchteten Tuch auswischen. Bei Gelegenheit reinigen Sie auf dieselbe Art auch das Gehäuse.

WÄSCHEPFLEGE

Alles zum Bügeln

Bevor sich ein Riesenstoß Bügelwäsche angesammelt hat, sollten Sie mit dem richtigen Werkzeug zur Tat schreiten: Dazu gehören nicht nur ein sauberes Bügeleisen und ein Bügelbrett, das Sie auf Hüfthöhe einstellen, sondern auch leere Kleiderbügel und ein Tuch zum schonenden Bügeln von Anzügen und empfindlichen Stoffen. Besonders angenehm ist mit Lavendelöl fein aromatisiertes Sprühwasser.

SPRÜHWASSER
Eine Sprühflasche mit destilliertem Wasser macht allzu trockene Wäsche bügelfeucht.

LAVENDELÖL
Ein paar Tropfen Lavendelöl im Sprühwasser geben der Wäsche einen frischen, sauberen Duft.

BÜGELBRETTBEZUG
Er muss die richtige Größe haben, sollte gut gepolstert sein, um die Bügelwäsche zu schonen, und braucht eine hitzebeständige Oberfläche. Reflektierende Beschichtung spart Strom.

REINIGUNGSTÜCHER
Regelmäßig mit speziellen Reinigungstüchern geputzt, gleitet die Bügelsohle besonders gut über den Stoff.

BÜGELTÜCHER
Um empfindliche Stoffe zu schonen und Glanzstellen auf Wollstoffen zu vermeiden, legt man ein Baumwolltuch über den Stoff. Es gibt auch extra Bügeltücher aus Gitternetz.

ALLES ZUM BÜGELN

ENTKALKER
Wenn Ihr Gerät nicht selbstreinigend ist oder ein Anti-Kalk-System hat, müssen Sie den Tank je nach Wasserhärte etwa alle sechs Monate entkalken.

DAMPFBÜGELEISEN
Ein Modell mit großem Wassertank erspart häufiges Auffüllen. Manche Geräte stellen sich automatisch ab, wenn sie vergessen werden. Außerdem sinnvoll: ein Tropf-Stopp-System und Vertikaldampf.

BÜGELBRETT
Je größer das Brett, desto schneller geht das Bügeln, da man die Stücke nicht so häufig bewegen muss. Wichtig: Das Bügelbrett sollte stabil stehen und höhenverstellbar sein.

KLEIDERBÜGEL
Halten Sie sich genügend leere Bügel bereit, denn frisch gebügelte Wäsche sollte sofort aufgehängt werden, sonst bilden sich im warmen Stoff direkt neue Falten. Für besonders empfindliche Stücke gibt es gepolsterte Bügel.

WÄSCHEPFLEGE

Blitzschnelles Bügeln

10 TIPPS

Bei Hemden und Blusen kommt man meist nicht ums Bügeln herum, aber Handtücher und Unterwäsche zu plätten ist wirklich überflüssig. Mit diesen Tipps beschränken Sie das Bügeln auf ein Minimum und bekommen das, was zu tun bleibt, schneller erledigt.

1 WEICHSPÜLER VERWENDEN
Mit einer kleinen Dosis Weichspüler im letzten Spülgang kommt die Wäsche weniger zerknittert aus der Maschine und bildet auch beim Trocknen nicht so viele Falten. Das erleichtert das Bügeln.

2 DEN TROCKNER RICHTIG EINSETZEN
Bei vielen Textilien spart der Trockner das Bügeln. Am besten nehmen Sie die Wäsche heraus, bevor sie vollständig trocken und abgekühlt ist, schütteln sie kräftig aus und legen sie zusammen oder hängen sie auf.

3 NACH DEM TROCKNEN ZUSAMMENLEGEN
Auch Bügelwäsche sollte man nach dem Trocknen ordentlich zusammenlegen, anstatt sie in einem wüsten Haufen zu stapeln. Kaum zerknitterte Wäsche ist eben viel schneller gebügelt.

4 KNITTERFREIE TEXTILIEN KAUFEN
Viele Kunstfasern sind nahezu knitterfrei – das gilt sogar für Hemden. Um kleinere Falten zu glätten, hängen Sie die Stücke im Bad auf, die hohe Luftfeuchtigkeit erledigt den Rest.

10 TIPPS FÜR BLITZSCHNELLES BÜGELN

5 **AUFS NÖTIGSTE BESCHRÄNKEN**
Wenn Sie Röcke und Kleider auf dem Bügel hängend trocknen, muss man viele nicht mehr bügeln. Gleiches gilt für glattgestrichen zum Trocknen aufgehängte Jeans, Shirts, Handtücher und Bettzeug.

6 **RICHTIGE TEMPERATURWAHL**
Sehen Sie vor dem Bügeln in den jeweiligen Pflegeanleitungen nach. Bei korrekter Temperaturwahl lässt sich alles leichter und schneller bügeln und Sie vermeiden Schäden an empfindlichen Stücken.

7 **VORSORTIEREN: VON WARM ZU HEISS**
Fangen Sie mit Stücken an, die bei niedriger Temperatur gebügelt werden und arbeiten Sie sich dann zu den höheren Temperaturen vor. So müssen Sie zwischendurch nicht warten, bis das Bügeleisen abkühlt.

8 **BAUMWOLLE UND LEINEN**
Für ein perfekt glattes Aussehen müssen Baumwolle und Leinen immer gebügelt werden. Am besten geht das, wenn die Teile noch etwas feucht sind. Zu trockene Stücke feuchtet man mit der Sprühflasche an.

9 **GESCHIRR- UND TASCHENTÜCHER**
Geschirr- und Taschentücher sollten Sie möglichst immer bügeln, weniger wegen des Aussehens, als um Keime abzutöten. Das gilt vor allem, wenn sie bei niedrigen Temperaturen gewaschen wurden.

10 **NUR SAUBERES BÜGELN**
Versuchen Sie nie, getragene Kleidung durch Bügeln noch mal schnell aufzubessern. Die Bügelhitze brennt Flecken und Verunreinigungen so tief ins Gewebe, dass man sie hinterher nicht mehr rausbekommt.

WÄSCHEPFLEGE

Hemden bügeln: Kragen und Aufschläge

3 MIN.

Es gibt immer wieder mal Situationen, in denen man es unmöglich schaffen kann, das Hemd oder die Bluse, die man braucht, komplett zu bügeln. Da hilft nur mogeln. In drei Minuten haben Sie zumindest das Bügelbrett aufgestellt, den Kragen und die Ärmelaufschläge gebügelt. Wenn Sie dann Jackett oder Blazer anlassen, fällt der Rest niemandem auf.

→1

Legen Sie den Kragen flach auf das Bügelbrett und bügeln Sie zuerst die Innenseite. Dann klappen Sie den Kragen an seiner vorgeprägten Falte um und bügeln die Außenseite, besonders gründlich entlang der Falte.

→2

Stülpen Sie eine Hemdschulter über das schmale Ende des Bügelbretts. Bügeln Sie die Schulterpasse vom Kragen zum Ärmel hin. Dann drehen Sie das Hemd, stülpen die andere Schulter über das Brett und bügeln diese Passe.

HEMDEN BÜGELN: KRAGEN UND AUFSCHLÄGE

BEVOR SIE LOSLEGEN

BÜGELBRETT AUFSTELLEN → Achten Sie auf stabilen Stand und die richtige Höhe.

TEMPERATUR EINSTELLEN → Wählen Sie gleich beim Einschalten des Bügeleisens die passende Temperatur und warten Sie kurz ab, bis sie erreicht ist.

SPRÜHFLASCHE BEREITHALTEN → Die brauchen Sie für hartnäckige Falten.

Extra-Tipps

Schneller geht's, wenn die Hemden leicht feucht sind. Zum nachträglichen Befeuchten können Sie die Sprühflasche oder die Düse am Dampfbügeleisen verwenden.

Für Kräuselfalten am Ärmelaufschlag legen Sie die Falten mit der offenen Seite vor die Bügeleisenspitze und schieben die Spitze in die Falten hinein.

→3

Öffnen Sie die Knöpfe der beiden Ärmelaufschläge. Legen Sie einen Ärmel mit den Knöpfen nach unten auf das Bügelbrett und bügeln Sie mit der Spitze des Bügeleisens die Innenseite des Aufschlags.

→4

Drehen Sie den Ärmelaufschlag um und bügeln Sie die Außenseite. Versuchen Sie den Ärmelansatz nicht mitzubügeln und fahren Sie mit dem Bügeleisen auch nicht über die Knöpfe; sie könnten schmelzen oder zerkratzen.

WÄSCHEPFLEGE

Hemden bügeln: Front, Rücken und Ärmel

3 MIN.

Sogar Hemden aus »bügelfreien« Stoffen sehen frisch gebügelt einfach besser aus. Nachdem Sie Kragen und Ärmelaufschläge schon gebügelt haben (siehe Seite 142–143), brauchen Sie noch einmal etwa 3 Minuten für die restlichen Teile, also Vorder- und Rückseite und die beiden Ärmel. Mit etwas Übung schaffen Sie ein ganzes Hemd dann in 5 Minuten.

→1

→2

Legen Sie die Vorderseite mit den Knöpfen auf das Bügelbrett und ziehen Sie den Stoff glatt. Bügeln Sie zunächst zwischen den Knöpfen, dann den Rest der Vorderseite und anschließend die Seite mit den Knopflöchern.

Legen Sie den Hemdrücken von einer Seitennaht ausgehen über das Brett, streichen Sie den Stoff glatt und bügeln Sie die gesamte Fläche. Dann ziehen Sie den Stoff ein Stück weiter, bis der gesamte Rücken geglättet ist.

HEMDEN BÜGELN: FRONT, RÜCKEN UND ÄRMEL

Extra-Tipps

Seidenstoffe werden leicht feucht auf links gebügelt. Dafür wählt man die niedrigste Temperatur. Verwenden Sie nie die Sprühfunktion des Bügeleisens oder eine Sprühflasche. Wassertropfen hinterlassen Flecken.

Paillettenbesetzte Stoffe legt man mit den Pailletten unten auf ein dickes Handtuch, darüber kommt ein Bügeltuch. Die Temperatur wird möglichst niedrig eingestellt.

Gefütterte Kleidungsstücke dreht man zuerst auf links und bügelt das Futter, dann stülpt man sie wieder auf rechts und glättet, wo nötig, den Außenstoff.

Ältere Kleidung oder edle Vintage-Stücke müssen besonders vorsichtig gebügelt werden: Das Bügeleisen auf der niedrigsten Stufe nur sanft andrücken, nicht schieben. Immer ein Bügeltuch verwenden.

→3

→4

Den ersten Ärmel breiten Sie so auf dem Bügelbrett aus, dass die Seitennähte flach liegen. Nachdem Sie den Stoff glattgestrichen haben, bügeln Sie vom Aufschlag in Richtung Schulter. Dann ist der zweite Ärmel dran.

Hängen Sie das Hemd sofort auf, damit sich im warmen Stoff nicht gleich wieder Falten bilden. Schließen Sie dazu die obersten Knöpfe, so behält das Hemd besser seine Form und kann nicht vom Bügel rutschen.

WÄSCHEPFLEGE

2 MIN. Hemden zusammenlegen

Sorgfältig gefaltet und zusammengelegt bleiben frisch gebügelte Hemden und Blusen auch im Schrank glatt und nehmen nicht so viel Platz weg. Die selbe Technik verwendet man auch für T-Shirts und Pullover. So kann man alle Oberteile ordentlich aufeinandergestapelt einräumen und findet mit einem Griff, was man gerade sucht.

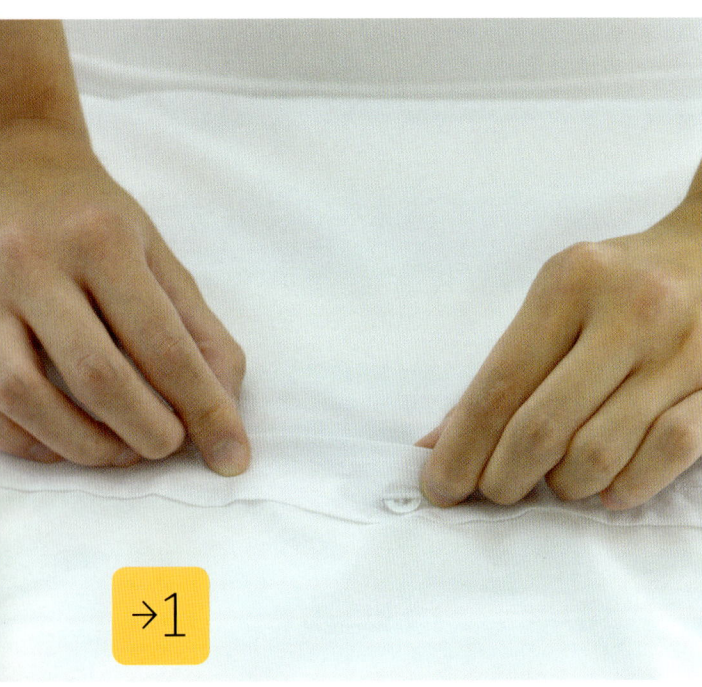

→1 Breiten Sie das Hemd auf einer flachen Unterlage aus und knöpfen Sie jeden zweiten Knopf zu. Dadurch behält es beim Zusammenlegen besser seine Form. Die Ärmelaufschläge können offen bleiben.

→2 Drehen Sie das Hemd um, sodass es auf seiner Vorderseite liegt. Dann falten Sie die beiden Längsseiten bis zur Mitte des Rückens zusammen, dabei lassen Sie die Ärmel nach außen herunterhängen.

HEMDEN ZUSAMMENLEGEN

Extra-Tipps

Hemdschöße faltet man zwischen Schritt 3 und 4 an einer geraden Kante nach oben, bevor man das Hemd dann in Dritteln zusammenlegt.

Bei Hosen mit Bügelfalte werden die Falten der beiden Hosenbeine ordentlich übereinandergezogen. Dann hängen Sie die Hose an den Säumen auf oder legen sie über einen Hosenbügel.

Knitterfrei reisen Anzüge, Kostüme, Blazer und Kleider eigentlich nur im Kleidersack. Den können Sie dann zusammengelegt im Koffer transportieren.

Kofferfalten bekommen Sie am ehesten wieder weg, wenn Sie gleich nach der Ankunft auspacken und die verknitterten Stücke auf Bügeln ins Badezimmer hängen, während Sie duschen.

→3

Nehmen Sie einen Ärmel auf und legen Sie ihn mit seiner Außenkante entlang der Außenkante des Hemdes. Der zweite Ärmel kommt auf die selbe Art darüber. Danach sollte das Hemd die Form eines Rechtecks haben.

→4

Schlagen Sie zuerst das untere Drittel des Hemdes mitsamt Ärmeln und Aufschlägen nach oben. Dann legen Sie das obere Drittel mit dem Kragen darüber. Zum Wegräumen schieben Sie Hand und Unterarm längs unter das Hemd.

WÄSCHEPFLEGE

10 TIPPS Pflege des Bettzeugs

Bettdecken, Kissen und Tagesdecken müssen zwar ab und zu gereinigt werden, aber nicht öfter als ein- bis zweimal pro Jahr. Zwischendurch kann man sie mit ein paar einfachen Tricks auffrischen. Wie genau man sie reinigt, steht in der Pflegeanleitung.

1 FLECKEN ENTFERNEN
Flecken auf Kissen und Bettdecken sollten Sie möglichst bald mit Handwaschmittel und einen feuchten Schwamm entfernen. Danach spült man das Waschmittel aus und trocknet die Stelle (eventuell mit dem Fön).

2 KISSEN AUFFRISCHEN
Je nach Füllung frischen Sie Ihre Kissen entweder durch Lüften im Freien auf, oder Sie stecken sie 15 Minuten lang in den Wäschetrockner. Die Trocknerhitze tötet zugleich die Hausstaubmilben ab.

3 KISSEN WASCHEN
Waschbare Kissen kommen alle 6 Monate in den Feinwaschgang der Maschine, allerdings ohne Weichspüler. Danach werden sie auf der Leine oder im Trockner getrocknet (siehe Tipp 7).

4 BETTDECKEN AUFFRISCHEN
Trocknergeeignete Bettdecken frischen Sie alle 6 Monate im Trockner auf, je nach Größe zu Hause oder im Waschsalon (siehe Tipp 6). Alle anderen Decken hängen Sie ein paar Stunden lang ins Freie.

10 TIPPS ZUR PFLEGE DES BETTZEUGS

5 **BETTDECKEN WASCHEN**
Regelmäßig gelüftete und aufgefrischte Bettdecken muss man nur einmal jährlich waschen, Federbetten noch seltener. Ob Ihre Decken waschmaschinengeeignet sind, entnehmen Sie der Pflegeanleitung.

6 **GROSSE DECKEN IM WASCHSALON WASCHEN**
Größere Bettdecken passen meist nicht in die haushaltsüblichen Waschmaschinen und Trockner. Die großen Maschinen im Waschsalon sind eine gute Alternative zur Handwäsche in der Badewanne.

7 **VERKLUMPEN DER FÜLLUNG VERMEIDEN**
Damit die Füllungen im Trockner nicht verklumpen, geben Sie zwei saubere, farbechte Tennisbälle mit in die Trommel. Auch spezielle Trocknerbälle lockern die Wäsche auf und verkürzen die Trockenzeit.

8 **BETTWÄSCHE AUFHELLEN**
Um Gilb oder Grauschleier auf weißer Bettwäsche zu entfernen, legt man sie vor dem Waschen 2 Stunden lang in 40 Gramm Fleckensalz auf 2 Liter Wasser ein und trocknet sie möglichst oft an der Sonne.

9 **TAGESDECKEN WASCHEN**
Maschinenwaschbare Tagesdecken sollten Sie vor dem Waschen ausmessen. Oft muss man sie während des Trocknens wiederholt auseinanderziehen, damit sie wieder auf ihr ursprüngliches Format kommen.

10 **WOLLDECKEN REINIGEN**
Wolldecken und viele Tagesdecken muss man chemisch reinigen lassen, einzelne Flecken können Sie aber wie in Tipp 1 entfernen. Zwischendurch schütteln Sie sie im Freien aus und lüften sie.

WÄSCHEPFLEGE

10 TIPPS Chemische Reinigung

Die Reinigung ist zwar teuer und umständlich, aber einige feine Textilien kann man nun mal nicht anders pflegen. Bei richtig teuren Stücken empfiehlt es sich sogar, zu einer guten Firma zu gehen, anstatt sie dem Expressdienst anzuvertrauen.

1 BEWUSST EINKAUFEN
Achten Sie beim Einkauf auf die Pflegeanleitungen und überlegen Sie sich lieber zweimal, ob Sie ein Stück kaufen wollen, das man reinigen lassen muss – mit der Zeit geht das ganz schön ins Geld.

2 PFLEGEANLEITUNGEN BEACHTEN
Wer sich über den Hinweis »Chemische Reinigung« hinwegsetzt, muss damit rechnen, dass das Stück beim Waschen einläuft, seine Form verliert oder dass ausblutende Farben den Rest der Wäsche verfärben.

3 BUCHSTABENGETREU REINIGEN
Machen Sie das Reinigungsunternehmen auf die Buchstaben P oder F und auf Striche unter dem Kreis im Pflegesymbol aufmerksam. Hier dürfen nur spezielle Lösungsmittel und Verfahren angewendet werden.

4 KOMBINATIONEN ZUSAMMEN REINIGEN
Da beim Reinigen die Farben verblassen können, reinigt man bei Anzügen und Kostümen, aber auch bei Vorhängen und anderen Kombinationen immer alle Teile zusammen, auch wenn nur eines schmutzig ist.

10 TIPPS ZUM THEMA CHEMISCHE REINIGUNG

5 SCHÄDEN REGELN
Pflegesymbole sind in den meisten Ländern durch Verbraucherschutzgesetze gedeckt. Wenn zum Beispiel ein Teil korrekt gereinigt wurde und dennoch eingelaufen ist, haftet der Hersteller dafür.

6 NACH DER REINIGUNG AUSPACKEN
Nehmen Sie die Plastikfolie zu Hause ab, denn die enthaltenen Weichmacher können mit der Zeit gelbe Flecken hinterlassen. Auch die Drahtbügel sind nur für den Transport gedacht.

7 LÜFTEN
Der typische Geruch der in der Reinigung verwendeten Lösungsmittel verfliegt, wenn man die Stücke nicht direkt in den Schrank, sondern einen Tag lang ins Freie oder in einen gut gelüfteten Raum hängt.

8 FLECKEN BESCHREIBEN
Ein Kleidungsstück mit Flecken sollte man möglichst bald zur Reinigung bringen. Wenn man auf die Flecken hinweist und angibt, wie sie entstanden sind, kann die Reinigung gezielter daran arbeiten.

9 NICHT WIEDERHOLT WASCHEN
Auch wenn es einmal gut gegangen ist: Waschen Sie Kleidungsstücke mit dem Symbol »Chemische Reinigung« nicht zu häufig, vielleicht sieht man die dabei entstehenden Schäden erst mit der Zeit.

10 FEDERN UND DAUNEN
Die chemische Reinigung entzieht Federn und Daunen ihr natürliches Fett. Sie werden spröde und wärmen nicht mehr so gut. Meist ist Waschen bei niedriger Temperatur und mit Daunenseife besser.

WÄSCHEPFLEGE

Der Schuhputzkasten

Ein gut sortierter Schuhputzkasten darf in keinem Haushalt fehlen. Was genau hineingehört, hängt davon ab, wie Sie Ihre Schuhe putzen. Die bewährte Methode für Schuhe aus Glattleder lautet: Losen Schmutz abbürsten, Schuhcreme auftragen, kräftig bürsten und danach mit einem weichen Tuch polieren. Wenn es mal schnell gehen muss, verwenden Sie ein Schnellglanzprodukt. Für andere Schuhe brauchen Sie Wildlederpflege und ein Imprägniermittel.

KÜCHENPAPIER
Damit entfernen Sie groben Schmutz und überschüssige Schuhcreme, tragen Babyöl auf und stopfen durchnässte Schuhe aus.

SCHUHBÜRSTEN
Die Schmutzbürste dient zum Reinigen, die Glanzbürste zum Ausbürsten der Schuhcreme. Daher brauchen Sie pro Farbe eine.

STAUBTÜCHER
Der Klassiker, um Schuhe auf Hochglanz zu polieren. Für jede Farbe sollte man ein gesondertes haben.

NATRON
In die Schuhe gestreutes Natron lässt über Nacht unangenehme Gerüche verschwinden.

DER SCHUHPUTZKASTEN

BABYÖL
Ein Tropfen Babyöl, mit einem Stück Küchenpapier aufgetragen, bringt Lackschuhe wieder zum Glänzen.

IMPRÄGNIERSPRAY
Neue Schuhe werden vor dem ersten Tragen eingesprüht. Bei älteren frischt man die Imprägnierung von Zeit zu Zeit nach dem Putzen auf.

WILDLEDERPFLEGE
Für Nubuk, Velours, Rauh- und Wildleder gibt es spezielle Produkte. Manchmal ist eine Bürste integriert, noch besser sind aber besondere Kreppbürsten.

MIKROFASERTUCH
Genau wie Staubtücher eignen sich auch Mikrofasertücher zum Polieren. Ihr Vorteil: Sie hinterlassen keine Flusen.

SCHUHSCHNELLGLANZ
Ideal für zwischendurch: Einmal mit dem integrierten Schwamm über das Leder wischen und schon glänzt es wieder, ohne nachzupolieren.

GUMMIHANDSCHUHE
Sinnvoll: Ein extra Paar Gummihandschuhe nur zum Schuheputzen.

SCHUHCREME
Das bewährte Mittel: Schuhcreme reinigt und pflegt das Leder und schützt es vor dem Austrocknen und Reißen.

ZEITUNGSPAPIER
Zum Schutz vor Straßenschmutz und Schuhcreme legt man großflächig Zeitungspapier unter. So kann man Schuhe sogar bequem auf dem Tisch putzen.

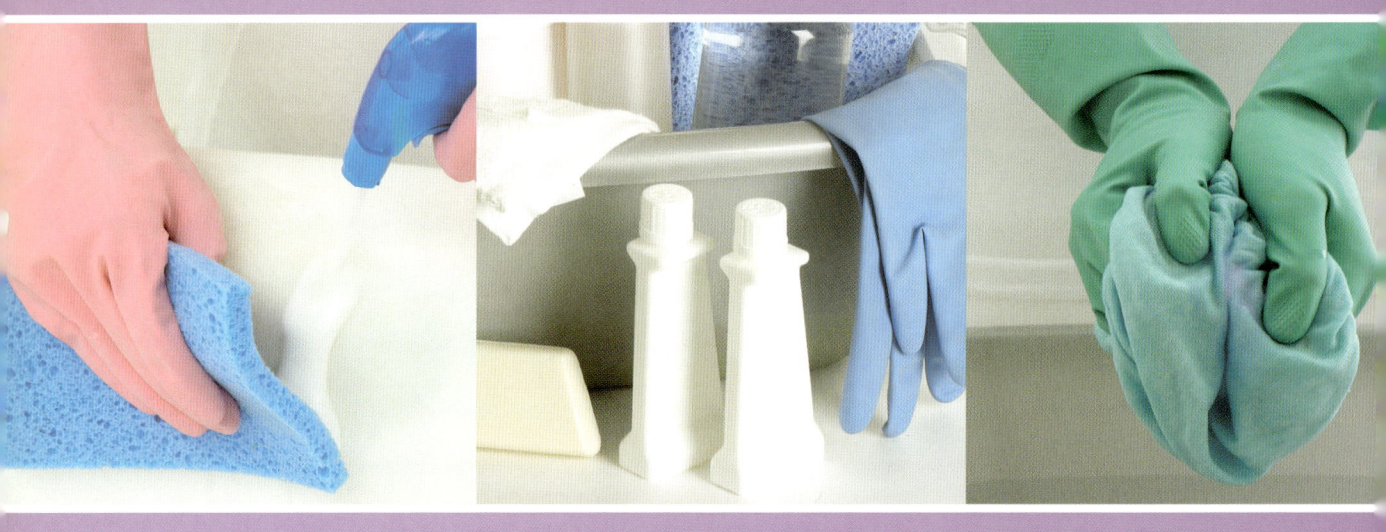

Flecken entfernen

FLECKEN ENTFERNEN

Alles gegen Flecken

Am besten gehen Flecken raus, wenn man schnell handelt und die Flüssigkeit sofort mit Küchenpapier aufsaugt. Dabei tupfen Sie nur sachte vom Rand des Flecks zur Mitte hin anstatt zu reiben. Für hartnäckigen Schmutz brauchen Sie verschiedene Fleckenentferner: Zuerst probiert man die sanften aus, und nur wenn nichts anderes hilft, schwingt man die schwere chemische Keule.

TEPPICHSCHAUM
Für Polster und Teppiche gibt es spezielle Reiniger. Sie eignen sich besonders für Rotwein- und Urinflecken.

BRENNSPIRITUS
Hartnäckige Flecken, die von Gras oder Filzstiften herrühren, sprechen oft gut auf eine Behandlung mit Spiritus an.

TALKUMPUDER
Frische Öl- und Fettflecken kann man mit Talkumpuder aufsaugen.

OXI-WASCHMITTEL
Oxi-Vorwaschmittel und -Fleckenferner enthalten Wasserstoffperoxid, sind aber mild, speziell für Textilien optimiert und daher auch für empfindlichere Stoffe geeignet.

SAUBERE WEISSE HANDTÜCHER
Damit tupft man zuvor behandelte Flecken ab. Bunte Tücher sind ungeeignet, sie können abfärben.

WASCHSCHÜSSEL
Zum Einweichen von hartnäckigen Flecken.

GALLSEIFE
Ein altbewährtes Mittel, mit dem man Flecken vor dem Waschen vorbehandelt. Auch flüssig im Handel.

ALLES GEGEN FLECKEN

FLÜSSIGER FLECKENTFERNER
Mit integrierter Bürste zum Vorbehandeln von Flecken vor dem Waschen (siehe Seite 130).

KÜCHENPAPIER
Küchenpapier muss immer zur Hand sein, um frische Kleckse aufzusaugen, bevor Flecken entstehen.

SPRUDELWASSER
Sprudelwasser bringt Rotwein- und Urinflecken blubbernd an die Oberfläche, wo man sie aufsaugen kann.

SCHWAMM
Damit betupft man Flecken, und zwar vom Rand zur Mitte hin.

GUMMIHANDSCHUHE
Egal ob natürliche oder chemische Fleckentferner: Die Hände muss man immer vor ihnen schützen.

WASSERSTOFFPEROXID
Die letzte Rettung für ansonsten nicht mehr zu entfernende alte Flecken, zum Beispiel Schweiß.

SPEZIELLE FLECKENTFERNER
Für viele Arten von Flecken gibt es besonders abgestimmte Wirkstoffkombinationen.

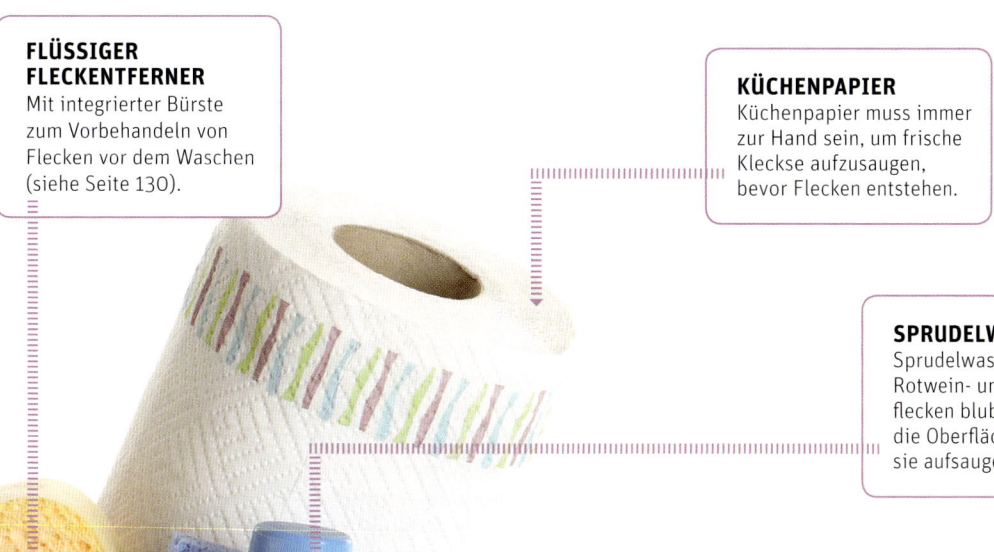

FLECKEN ENTFERNEN

5 MIN.

Rotweinflecken auf Teppichböden

Rotweinflecken sind berühmt-berüchtigt, doch wenn man schnell handelt, bekommt man sie meist problemlos wieder weg. Am besten stehen die Chancen, einen Fleck vollständig zu entfernen, wenn Sie gleich etwas Sprudelwasser darübergießen.

DAZU BRAUCHEN SIE:

Küchenpapier
Sprudelwasser
Schwämme
Teppichschaum
Staubsauger

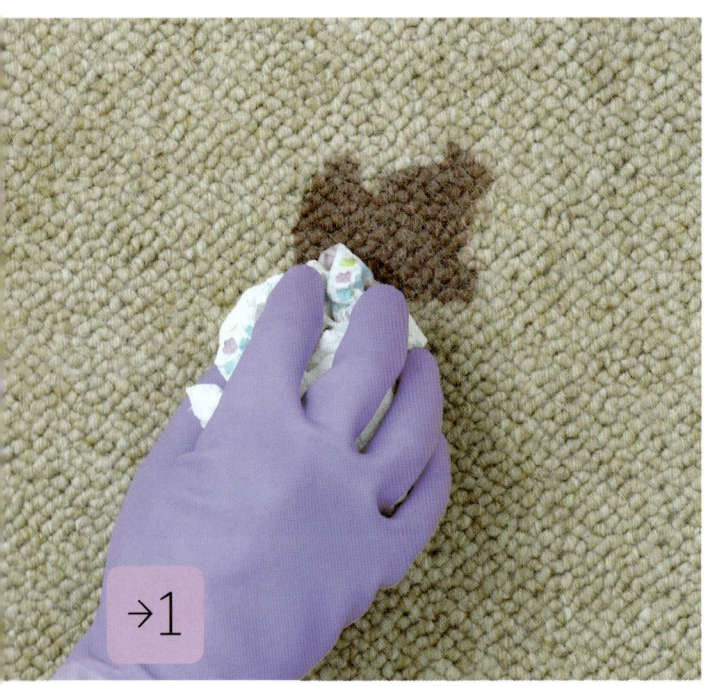

→1

Saugen Sie sofort so viel Wein wie möglich mit zusammengeknülltem Küchenpapier auf. Tupfen Sie vom Rand des Flecks zur Mitte hin, um zu verhindern, dass sich der Wein ausbreitet und der Fleck noch größer wird.

→2

Gießen Sie etwas Sprudelwasser über den Fleck, dadurch schäumt eingesickerter Wein zurück an die Oberfläche. Dort saugen Sie ihn mit einem Schwamm auf. Dabei dürfen Sie nur tupfen und nicht reiben.

ROTWEINFLECKEN AUF TEPPICHBÖDEN

BEVOR SIE LOSLEGEN

GUMMIHANDSCHUHE ANZIEHEN →
So sind Ihre Hände vor den Inhaltsstoffen des Teppichschaums geschützt.

PLATZ SCHAFFEN → Möbel, Teppiche und herumliegende Gegenstände behindern Sie.

KINDER UND TIERE FERNHALTEN →
Beide sollten nicht mit dem Teppichschaum in Kontakt kommen.

Extra-Tipps

Salz auf den Fleck zu streuen, ist wenig hilfreich. Dadurch wird zwar etwas Flüssigkeit gebunden, aber die Verfärbung ist danach umso hartnäckiger.

Rotweinflecken auf Kleidung oder Polstern verdünnen Sie mit lauwarmem Wasser und einem Schwamm. Dann saugen Sie die Flüssigkeit auf und behandeln die Stelle mit Rotweinfleckentferner.

→3

Schütteln Sie die Sprühdose mit Teppichschaum kräftig, dann besprühen Sie den gesamten Fleck damit. Mit einem zweiten, sauberen und leicht befeuchteten Schwamm arbeiten Sie den Schaum sanft ein.

→4

Sobald der Schaum vollständig trocken ist, saugen Sie die Stelle gründlich mit dem Staubsauger ab. Sollte der Fleck danach immer noch zu sehen sein, behandeln Sie ihn ein zweites Mal mit Teppichschaum (ab Schritt 3).

FLECKEN ENTFERNEN

Tintenflecken auf Sofas

3 MIN.

Keine Panik, wenn die Kinder Ihr Sofa als Malunterlage benutzt haben und etwas danebengegangen ist: Die Farbe aus modernen Filzstiften und Kugelschreibern ist meist auswaschbar und lässt sich mit dieser einfachen Methode gut entfernen.

DAZU BRAUCHEN SIE:
- Küchenpapier
- Polsterschaum
- Schwamm
- ein farbechtes Handtuch

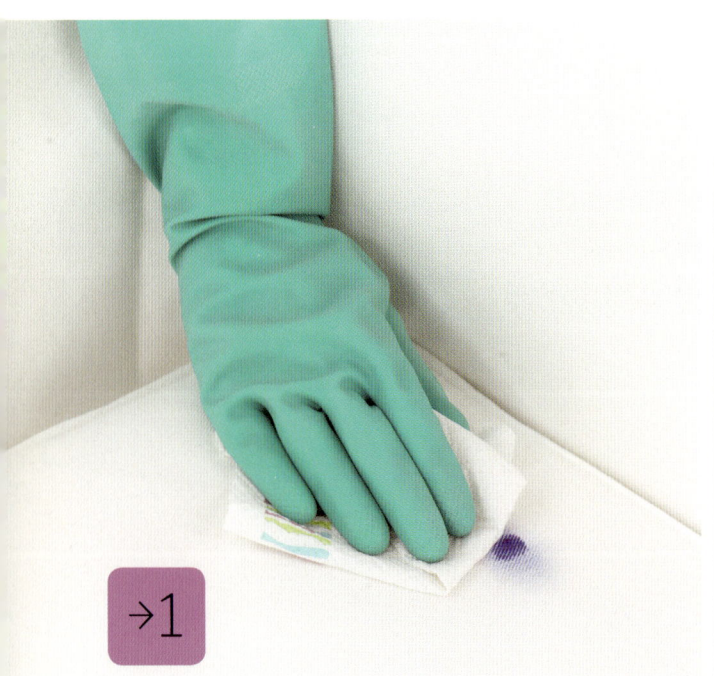

→1

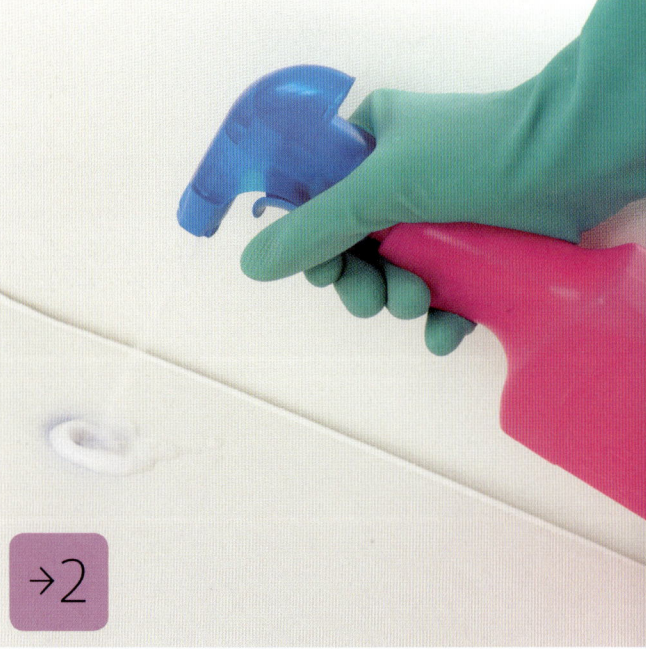

→2

Sobald Sie den Fleck entdecken, tupfen Sie die lose an der Oberfläche stehende Tinte mit einem Stück Küchenpapier ab – und zwar vom Rand des Flecks zur Mitte hin. So kann sich die Tinte nicht weiter verteilen.

Anschließend behandeln Sie den Fleck mit Polsterschaum. Wie man Ihr Produkt richtig anwendet und wie lange der Schaum nach dem Aufsprühen einwirken muss, entnehmen Sie bitte der Gebrauchsanweisung.

TINTENFLECKEN AUF SOFAS

Extra-Tipps

Tintenflecken auf waschbarer Kleidung kann man mit Oxi-Vorwaschmittel oder mit einem speziellen Fleckentferner für Tinte behandeln. Wenn beides nicht hilft, betupft man den Fleck mit Brennspiritus. Zuvor sollte man aber an einer verdeckten Stelle prüfen, ob der Stoff das verträgt. Nach der Fleckenbehandlung ausspülen und wie gewohnt waschen.

Kugelschreiberflecken auf Kleidung lassen sich auch mit verschiedenen Lösungsmitteln entfernen, zum Beispiel mit Waschbenzin, Brennspiritus, pharmazeutischem Alkohol oder auch Wodka. Zuvor auf Farbechtheit überprüfen, danach ausspülen und wie gewohnt waschen.

In jedem Fall gilt: Zuerst den Fleck so gut wie möglich entfernen, dann waschen.

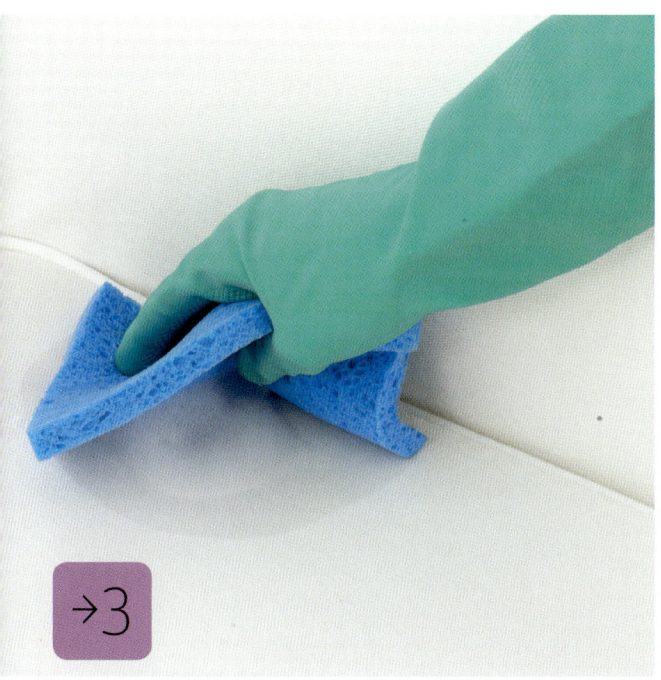

→3

Tupfen Sie die Stelle vorsichtig mit einem sauberen, feuchten Schwamm ab, um den verfärbten Schaum abzunehmen, ohne ihn zu verteilen. Sollte der Fleck danach noch zu sehen sein, wiederholen Sie die Behandlung.

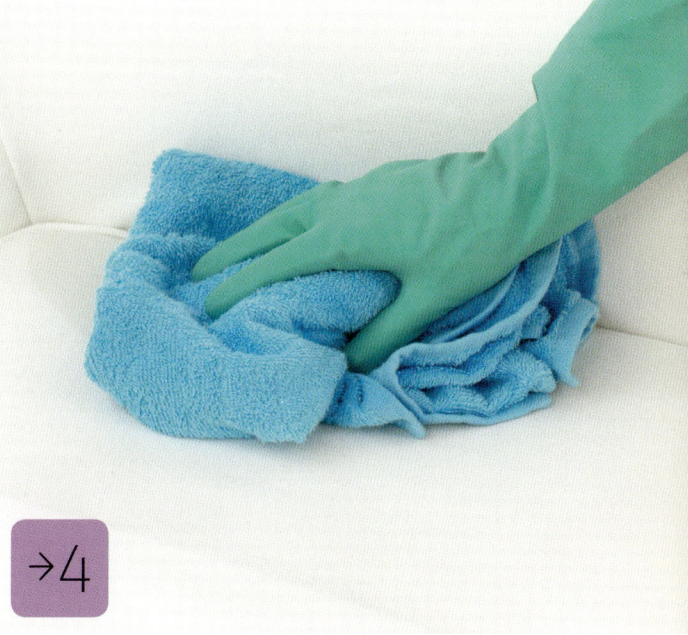

→4

Zum Schluss trocknen Sie die Stelle mit einem alten, farbechten Handtuch. Drücken Sie das Tuch fest ins Polster, um die eingesickerte Feuchtigkeit herauszudrücken. Danach lassen Sie den Fleck an der Luft trocknen.

■ FLECKEN ENTFERNEN

Grasflecken auf Kleidung

5 MIN.

Leichte Grasflecken gehen häufig auch beim normalen Waschen raus. Um schlimmere Flecken zu entfernen oder um bei weißen oder hellen Stoffen auf Nummer sicher zu gehen, sollten Sie sie vorab einweichen und mit Gallseife behandeln.

DAZU BRAUCHEN SIE:
ein stumpfes Messer
Waschschüssel
Gallseife, Stück oder flüssig

→1

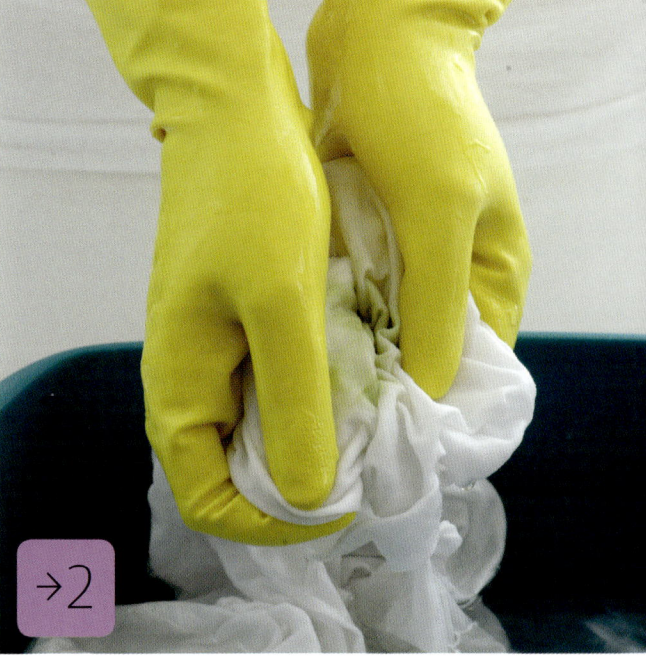

→2

Behandeln Sie die Flecken möglichst bald. Zuerst kratzen Sie mit einem stumpfen Messer loses Gras von der Oberfläche des Stoffs ab. Gehen Sie dabei behutsam vor, um den Stoff nicht zu beschädigen.

Tauchen Sie die fleckige Stelle in die mit kaltem Wasser gefüllte Waschschüssel und lassen Sie sie einige Minuten lang darin einweichen. Anschließend rubbeln Sie den Stoff, um den Fleck zu lösen.

GRASFLECKEN AUF KLEIDUNG

AKTIONSPLAN

VORHER → Gummihandschuhe anziehen. Sie schützen Ihre Hände vor dem Austrocknen.

WÄHREND DER ARBEIT → Grasflecken immer in kaltem Wasser einweichen, denn eiweißhaltige Flecken werden durch Hitze eher fixiert als gelöst.

DANACH → Wie auf der Pflegeanleitung angegeben waschen und trocknen.

Extra-Tipps

Alte Grasflecken betupft man mit einer 1:4-Lösung aus Brennspiritus und Wasser. Danach spült man die Stücke in warmem Seifenwasser aus und wäscht sie.

Bei Grasflecken auf Feinwäsche trägt man die Gallseife in sanft kreisenden Bewegungen mit einem Tuch auf. Danach werden die Stücke von Hand gewaschen.

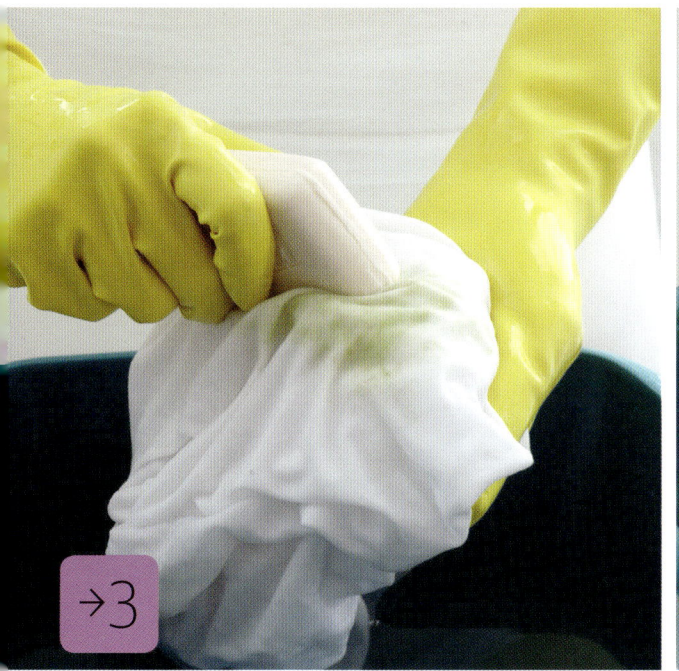

→3

Reiben Sie den Fleck mit Gallseife ein. Danach wird die Stelle weiter Stoff gegen Stoff gerubbelt, bis der Fleck nach und nach verschwindet. Falls nötig, tragen Sie zwischendurch mehr Gallseife auf.

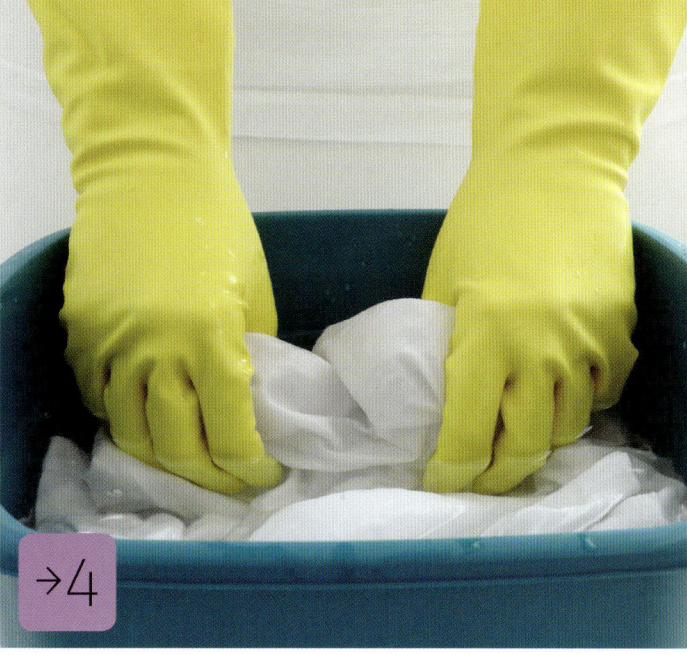

→4

Zum Schluss spülen Sie das Wäschestück in reichlich kaltem Wasser, drücken es aus und waschen es anschließend bei möglichst hoher Temperatur. Welche das ist, steht in der eingenähten Pflegeanleitung.

FLECKEN ENTFERNEN

Fettflecken auf Kleidung

5 MIN.

Um Fettflecken erfolgreich zu bekämpfen, müssen Sie schnell sein: Zuerst saugen Sie möglichst viel Fett mit Küchenpapier ab, dann gehen Sie mit Wasser und Waschmittel zu Werke. Für alte, eingetrocknete Fettflecken ist die Reinigung zuständig.

DAZU BRAUCHEN SIE:
- Küchenpapier
- Schwamm
- Handwaschmittel
- Waschschüssel

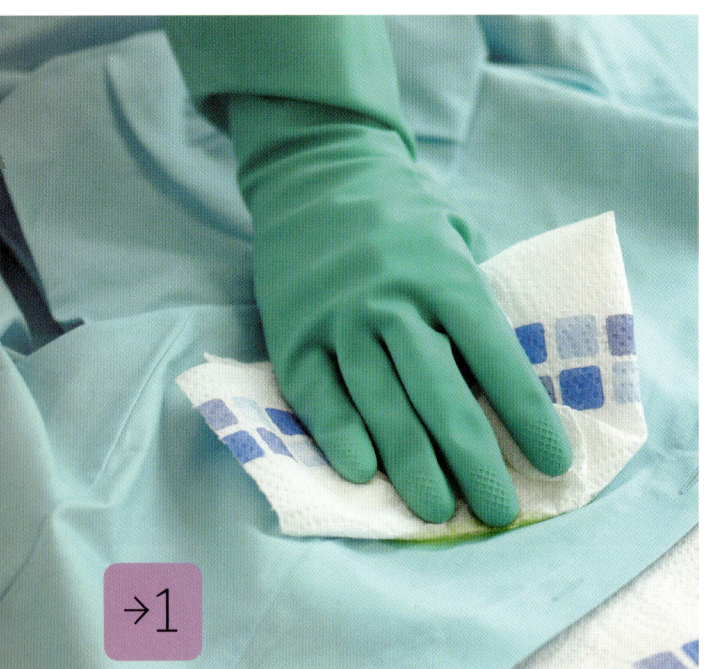

→1 Legen Sie den Stoff so schnell wie möglich auf ein Stück Küchenpapier und betupfen Sie den Fleck von der anderen Seite mit einem zweiten Stück Papier. Auf diese Weise saugen Sie einen Großteil des Fetts auf.

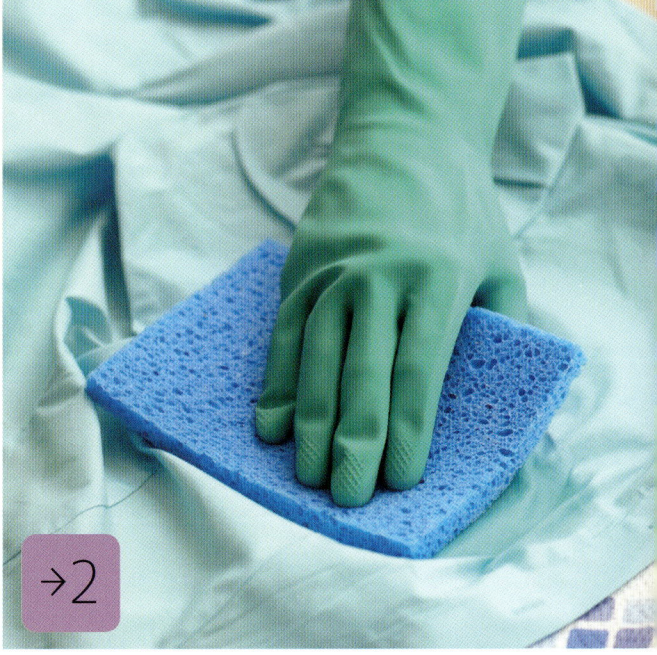

→2 Verwenden Sie so lange frisches Papier und drücken Sie es auf den Fleck, bis kein Fett mehr aufgesogen wird. Anschließend befeuchten Sie die fleckige Stelle mit kaltem Wasser und einem Schwamm.

FETTFLECKEN AUF KLEIDUNG

Extra-Tipps

Fettflecken auf Polstern behandelt man ganz ähnlich wie solche auf Kleidern: Zuerst saugt man möglichst viel Fett mit Küchenpapier ab, dann streut man Talkum, Bleicherde oder Speisestärke darauf. Nachdem das Pulver das restliche Fett aufgenommen hat, saugt man es mit der Staubbürste wieder ab. Ist der Fleck weiterhin sichtbar, verwendet man Polsterschaum (siehe Seite 173).

Fett auf dem Teppichboden tupft man zunächst mit Küchenpapier ab, dann mit einem Fleckenwasser auf Basis von Perchlorethylen behandeln. Danach kann man den Fleck abbürsten oder -saugen.

Fett auf der Tapete entfernt man ebenfalls mit Fleckenwasser. Testen Sie sie aber zuvor an verdeckter Stelle auf Farbechtheit.

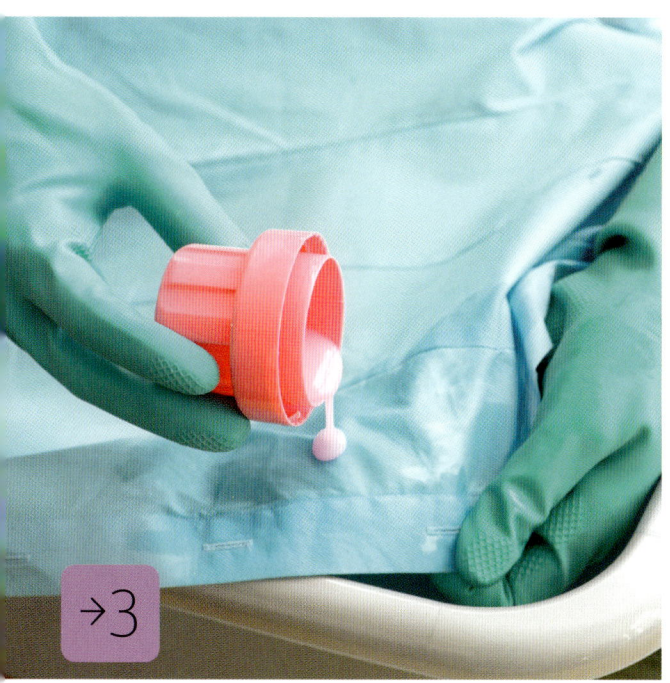

→ 3

Träufeln Sie etwas Handwaschmittel auf den Fleck und arbeiten Sie es leicht in den Stoff ein, allerdings ohne zu rubbeln, sonst breitet sich der Fleck aus. Danach legen Sie das Stück bei der höchsten zulässigen Temperatur in Wasser ein.

→ 4

Nach 30 Minuten Einweichzeit überprüfen Sie, ob der Fleck noch zu sehen ist. Falls ja, geben Sie noch etwas Waschmittel darauf und weichen das Stück erneut ein. Zum Schluss waschen sie es wie gewohnt.

FLECKEN ENTFERNEN

Schweißflecken auf Kleidung

5 MIN.

Je länger verschwitzte Kleidung im Wäschekorb herumliegt, desto schwieriger sind die Flecken zu entfernen. Moderne Oxi-Vorwaschmittel mit bleichendem Aktivsauerstoff eignen sich für viele Stoffe und beschleunigen die Fleckentfernung.

DAZU BRAUCHEN SIE:

Oxi-Vorwaschmittel

Waschschüssel

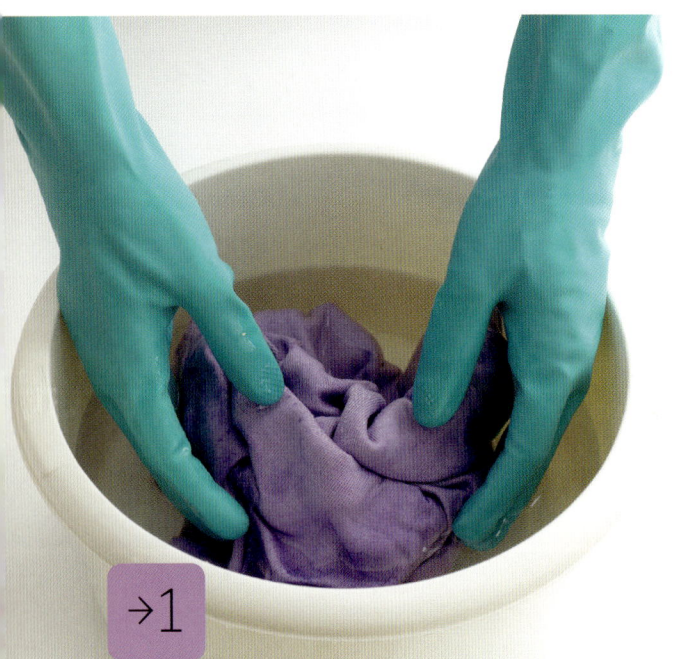

→1

Ziehen Sie stark verschwitzte Kleidung so bald wie möglich aus und weichen Sie sie am besten sofort für 10 Minuten in einer Schüssel mit warmem Wasser ein. Dadurch lösen sich die Flecken schon etwas.

→2

Nehmen Sie die Kleidung aus der Schüssel und füllen Sie frisches warmes Wasser hinein. Je nach Größe der Schüssel messen Sie die empfohlene Menge Oxi-Vorwaschmittel ab und mischen sie unter das Wasser.

SCHWEISSFLECKEN AUF KLEIDUNG

Extra-Tipps

Weiße Deospuren an der Kleidung sind kein Grund sich gleich umzuziehen: Meistens kann man die Flecken mit einer Feinstrumpfhose oder einem dunklen Strumpf wieder abreiben.

Ganz traditionell entfernt man Schweißflecken mit einer Mischung aus 1 Esslöffel Branntweinessig auf ¼ Liter warmem Wasser. Tragen Sie die Lösung einfach mit einem Schwamm auf die Flecken auf, spülen Sie sie wieder aus und waschen Sie die Kleidung wie gewohnt.

Alte Schweißflecken betupft man zum Lösen mit etwas Glycerin. Flecken auf weißem Stoff kann man auch sanft mit etwas Wasserstoffperoxid einreiben. Nach 5 Minuten Einwirkzeit wäscht man die Stücke wie gewohnt.

→3

Nachdem sich das Pulver völlig aufgelöst hat, tauchen Sie die zuvor eingeweichte, noch nasse Kleidung in die warme Lauge. Darin reiben Sie an den fleckigen Stellen eine Zeit lang sanft Stoff gegen Stoff.

→4

Lassen Sie die Kleidung nochmals 30 Minuten einweichen, bevor Sie sie mit kaltem Wasser ausspülen. Wenn sich die Flecken dabei gelöst haben, kann man die Stücke bei der höchsten empfohlenen Temperatur waschen.

FLECKEN ENTFERNEN

Urinflecken auf Teppichböden

10 MIN.

Urin kann Farbstoffe lösen sowie Woll- und Nylonfasern beschädigen – auch deshalb sollte man Urinflecken so schnell wie möglich entfernen. Dem meist erst später entstehenden Geruch von Katzenurin beugt man nach dem Auswaschen mit Anti-Geruchsspray vor.

DAZU BRAUCHEN SIE:

Küchenpapier

Sprudelwasser und Schwämme

Polsterschaum

Sprühflasche mit Wasser

Handtuch

→1

→2

Saugen Sie den Urin möglichst sofort auf, indem Sie den Fleck mit Küchenpapier betupfen. Verwenden Sie so lange frisches Papier, bis Sie keine Feuchtigkeit mehr herausdrücken können und das Papier trocken bleibt.

Gießen Sie etwas Sprudelwasser auf den Fleck. Dadurch steigt der restliche Urin blubbernd an die Oberfläche, wo Sie ihn mit einem trockenen Schwamm oder frischem Küchenpapier aufsaugen können.

URINFLECKEN AUF TEPPICHBÖDEN

AKTIONSPLAN

DAVOR → Gummihandschuhe anziehen – in diesem Fall auch aus Hygienegründen.

DAVOR → Möbel, Teppiche und herumliegende Gegenstände wegräumen, damit Sie Platz zum Arbeiten haben.

DANACH → Um das Trocknen zu beschleunigen, kann man den Fön auf einer kühleren Stufe benutzen.

Extra-Tipps

Bereits eingetrockneten Urin weicht man zunächst mit einem feuchten Schwamm auf, anschließend geht es weiter mit Schritt 2 bis 4.

Urinflecken auf Kleidung weicht man über Nacht in warmem Wasser und etwas Waschmittel ein. Danach wäscht und trocknet man die Kleider wie gewohnt.

→3

→4

Zur gründlichen Reinigung sprühen Sie anschließend Teppichschaum auf den Fleck und arbeiten ihn mit einem feuchten Schwamm sanft in die Fasern ein. Dabei bewegen Sie den Schwamm vom Rand des Flecks zur Mitte hin.

Mit einem zweiten, sauberen Schwamm und Wasser aus einer Sprühflasche spülen Sie den Schaum wieder aus. Dabei sollte der Teppich nicht zu nass werden. Zum Schluss reiben sie ihn mit einem alten Handtuch trocken.

FLECKEN ENTFERNEN

Blutflecken auf Kleidung

5 MIN.

Wie alle Flecken, ist auch Blut schwieriger zu entfernen, wenn es schon länger in den Fasern war. Die hier gezeigte Technik funktioniert nur bei Verunreinigungen, die höchstens einen Tag alt sind. Bei älteren Flecken muss man die Schritte 2–4 vermutlich wiederholen. Da Blut Eiweiß enthält, darf man nur kaltes Wasser verwenden, denn Wärme fixiert die Flecken.

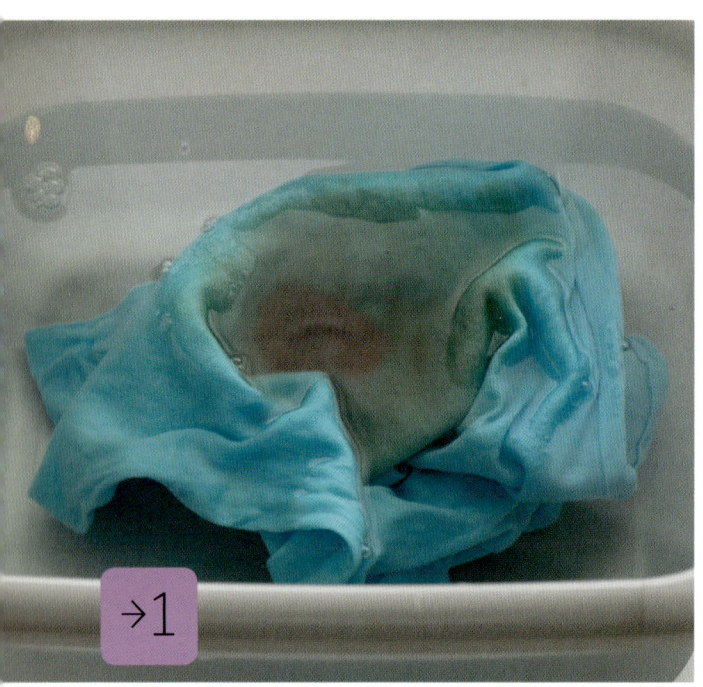

→1

Ziehen Sie das Kleidungsstück möglichst bald aus und weichen Sie es in einer Schüssel mit kaltem Wasser ein. Dadurch beginnt sich der Fleck schon zu lösen, vor allem wenn sie ihn zwischendurch etwas reiben.

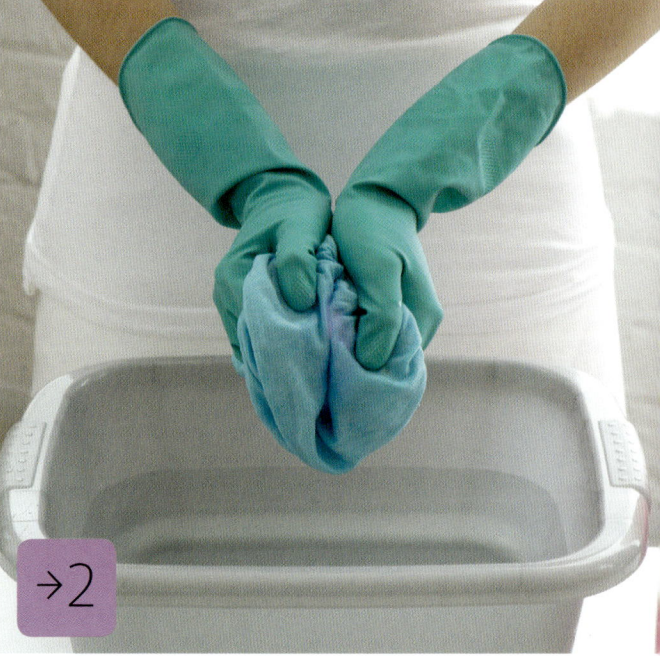

→2

Drücken Sie das Kleidungsstück aus und geben Sie eine kleinere Menge Handwaschmittel auf den Fleck. Dann reiben Sie den Stoff rings um den Fleck kräftig zwischen den Fäusten.

BLUTFLECKEN AUF KLEIDUNG

AKTIONSPLAN

ZUVOR → Frische, noch nicht getrocknete Blutflecken unter fließend kaltem Wasser auswaschen, bevor man mit Schritt 1 beginnt.

WÄHREND DER ARBEIT → Nicht vergessen: Für alle Schritte kaltes Wasser verwenden!

DANACH → Nicht bügeln, falls noch Blutreste zu sehen sind, denn die Hitze des Bügeleisens fixiert die eiweißhaltigen Flecken.

Extra-Tipps

Bei Blutflecken auf Feinwäsche trägt man das Handwaschmittel in sanften, kreisenden Bewegungen mit einem Schwamm auf den Fleck auf. Danach ausspülen und trocknen.

Blutflecken auf Polstern: Mit Küchenpapier aufsaugen, mit Wasser und Handwaschmittel betupfen, bis sie verschwinden, mit Wasser besprühen und trockentupfen.

→ 3

Lassen Sie das nasse Kleidungsstück etwa 15 Minuten liegen, damit das Waschmittel Zeit zum Einwirken hat. Falls Sie mehrere Stücke behandeln, dürfen diese sich nicht berühren, sonst könnten sie sich gegenseitig verfärben.

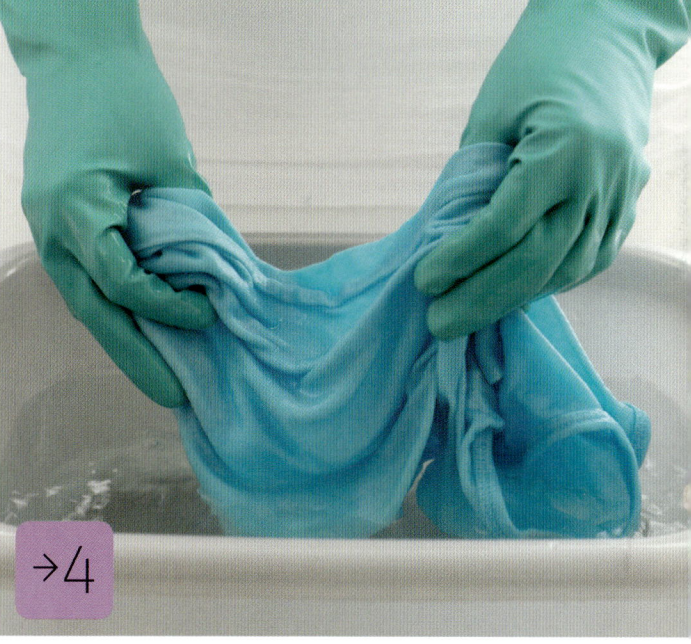

→ 4

Wenn der Fleck völlig verschwunden ist, können Sie das Kleidungsstück gleich ausspülen und trocknen. Sind nur noch kleine Spuren zu sehen, waschen Sie es gemäß Pflegeanleitung.

FLECKEN ENTFERNEN

Lebensmittelflecken auf Polstern

5 MIN.

Dass Lebensmittel auf die Polstermöbel gelangen, kommt ziemlich häufig vor, doch meist lassen sich die Flecken leicht wieder entfernen. Die hier gezeigte Technik eignet sich vor allem für kaum flüssige Flecken, zum Beispiel Konfitüre oder Schokolade.

DAZU BRAUCHEN SIE:

stumpfes Messer, Küchenpapier
Plastikschüssel, Handwaschmittel
Schwämme, Polsterschaum
Sprühflasche mit Wasser
ein farbechtes altes Handtuch

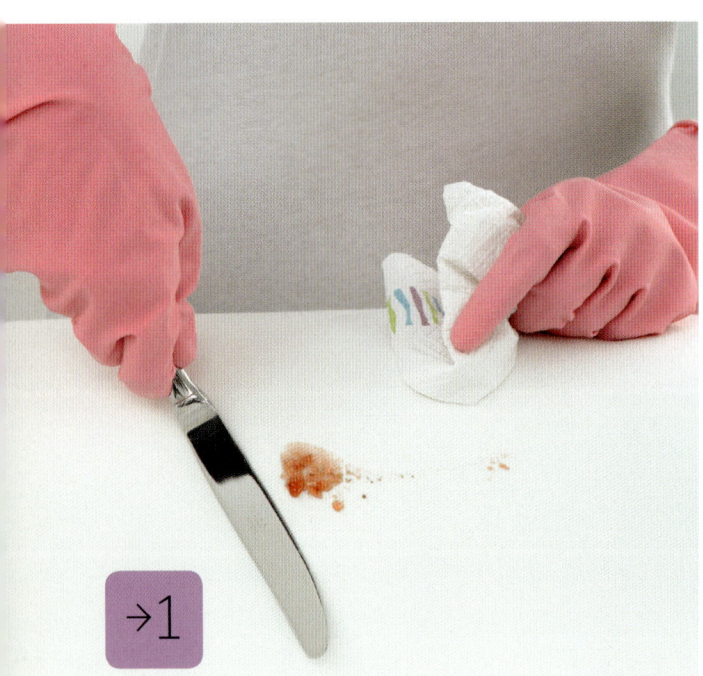

→1

→2

Kratzen Sie den Schmutz mit einem stumpfen Messer von der Oberfläche ab. Dabei müssen Sie aufpassen, dass sie ihn nicht noch großflächig verteilen. Deshalb machen Sie das Messer zwischendurch mit Küchenpapier sauber.

Mischen Sie Handwaschmittel in der empfohlenen Menge in eine Schüssel kaltes Wasser. Damit der Schmutz nicht verteilt und hineingerieben wird, sollten Sie die Lauge nur sanft mit einem Schwamm auf den Fleck tupfen.

LEBENSMITTELFLECKEN AUF POLSTERN

Extra-Tipps

Kaffeeflecken auf Polstern: Saugen Sie zunächst möglichst viel Flüssigkeit mit Küchenpapier auf, dann gießen Sie etwas Sprudelwasser auf den Fleck und betupfen ihn mit einem frischen Stück Papier. Diesen Vorgang wiederholen Sie, bis der Fleck weg ist. Falls diese schonende Methode nicht funktioniert, befolgen Sie die unten beschriebenen Schritte 3–4.

Teeflecken auf Polstern: Auch hier saugen Sie zunächst möglichst viel Tee mit Küchenpapier auf, dann sprühen Sie kaltes Wasser auf den Fleck und betupfen ihn mit einem frischen Stück Papier. Falls das nicht ausreicht, behandeln Sie ihn wie in den Schritten 2 und 4 (ohne Schaum) mit Handwaschmittel und anschließend mit kaltem Wasser und einem Handtuch.

→3

Wenn Sie den Fleck so nicht wegbekommen, sprühen Sie etwas Polsterschaum darauf und betupfen ihn mit einem sauberen Schwamm – auch hier achten Sie darauf, den Schmutz nicht tiefer ins Gewebe zu reiben und zu verteilen.

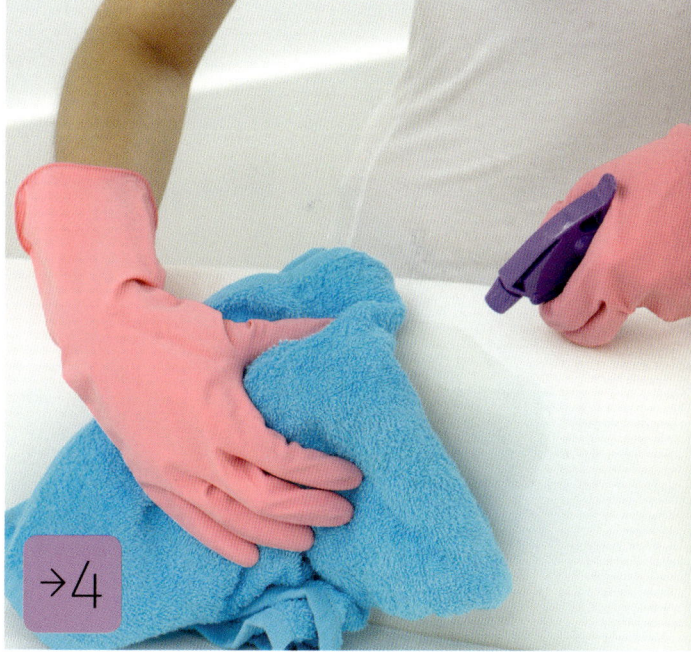

→4

Anschließend sprühen Sie Leitungswasser auf den Fleck und befeuchten ihn, ohne ihn zu durchnässen. Dann nehmen Sie die Feuchtigkeit mit einem sauberen Handtuch auf und lassen den kaum noch feuchten Fleck trocknen.

Kinder und Haustiere

 KINDER UND HAUSTIERE

Erfolgreich delegieren

10 TIPPS

Die Hausarbeit für eine Familie darf nicht an einer einzelnen Person hängen bleiben – vor allem, wenn diese selbst erwerbstätig ist. Jeder im Haus sollte sich zuständig fühlen. Wenn dennoch zu viel Arbeit anfällt, muss eine Putzhilfe her.

1 FRÜH ÜBT SICH …
Schon kleine Kinder können damit anfangen, ihren Eltern zu helfen: Sie räumen ihre Spielsachen weg, stopfen dreckige Kleider in den Wäschekorb und helfen beim Tischdecken und Abräumen.

2 DEUTLICH SAGEN, WAS MAN ERWARTET
Von Kindern ab 10 Jahren kann man erwarten, dass sie ihre Betten machen, ihre schmutzige Wäsche aussortieren, in ihren Zimmern staubsaugen, beim Abwasch helfen und die Spülmaschine be- und entladen.

3 MITHILFE RUND UMS ESSEN EINFORDERN
Wenn Kinder schon aufs Essen warten, dann binden Sie sie in die Vorbereitungen ein: Sie können zum Beispiel den Tisch freiräumen und decken. Nach dem Essen bringt jeder sein Geschirr selbst weg.

4 AUSWAHLMÖGLICHKEITEN ANBIETEN
Damit Kinder gerne mithelfen, sollte man ihnen die Wahl lassen: Möchten sie lieber die Spülmaschine ausräumen oder den Tisch decken? Arbeiten, für die man sich selbst entschieden hat, fallen viel leichter.

10 TIPPS ZUM ERFOLGREICHEN DELIGIEREN

5 **DEN PARTNER EINBINDEN**
Punkt 4 kann auch Partner motivieren, die sonst nicht so präsent im Haushalt sind: Besprechen Sie am Abend, was alles getan werden muss, und teilen Sie die Aufgaben einvernehmlich nach Vorlieben ein.

6 **GROSSZÜGIG LOBEN**
Auch wenn das Ergebnis vielleicht nicht so ganz Ihren Vorstellungen entspricht: Nicht gleich kritisieren. Sagen Sie lieber, was noch getan werden müsste, um die Sache abzuschließen, und loben Sie die Arbeit.

7 **ERKLÄREN WARUM**
Kinder helfen eher mit, wenn sie verstehen, warum etwas nötig ist. Erklären Sie ihnen, dass sie nach dem Aufräumen mehr Platz zum Spielen haben, ihre Sachen leichter finden und nichts so leicht kaputt geht.

8 **GROSSE KINDER NICHT ÜBERWACHEN**
Größere Kinder verlieren die Lust, wenn man sie ständig überwacht. Lassen Sie sie selbst die Verantwortung für ihre Aufgaben übernehmen, dann sind sie umso zufriedener, wenn sie es geschafft haben.

9 **DIE PUTZHILFE EINARBEITEN**
Am ersten Arbeitstag der Putzhilfe sollten Sie sich Zeit nehmen und mithelfen. Bereiten Sie eine Liste der regelmäßig nötigen Arbeiten vor, damit Ihre neue Haushaltskraft schnell in eine feste Routine findet.

10 **PRÄZISE ANWEISUNGEN GEBEN**
Sagen Sie der Haushaltshilfe genau, was Ihnen wichtig ist und zeigen Sie ihr, welche Materialien und Putzmittel sie wofür verwenden soll. Sonst ärgern Sie sich womöglich, dass sie anders putzt als Sie selbst.

KINDER UND HAUSTIERE

15 MIN. Blitzputz im Kinderzimmer

Kinder können zwar von klein auf mithelfen, aber wenn es darum geht, ihre Zimmer ruckzuck vom totalen Chaos in einen harmonischen Ort zu verwandeln, dann müssen Sie vermutlich die Führung übernehmen. In 15 Minuten erledigen Sie das Wichtigste.

1 FRISCHE LUFT HEREINLASSEN
Machen Sie das Fenster auf und lassen Sie frische Luft herein, während Sie aufräumen und putzen. Das reduziert Feuchtigkeit und angestaute Wärme und hilft der Ausbreitung von Staubmilben vorzubeugen.

2 DAS BETT MACHEN
Schütteln Sie das Bettzeug am Fenster aus und lüften Sie es, während Sie das Zimmer in Ordnung bringen. Ganz zum Schluss nehmen Sie es wieder herein und machen das Bett.

3 DEN GRÖBSTEN DRECK BESEITIGEN
Wasserfarben, Knete, Bastelutensilien, Lebensmittel – manches macht besonders viel Dreck. Beginnen Sie mit der Beseitigung dieser Dinge und sensibilisieren Sie ihre Kinder dafür, das in Zukunft selbst zu tun.

4 FLECKEN ENTFERNEN
Untersuchen Sie Teppichboden, Polster und Vorhänge auf Flecken und Spritzer und machen Sie sich sofort daran, sie mit den geeigneten Mitteln und Methoden zu entfernen (siehe Seite 154–173).

BLITZPUTZ IM KINDERZIMMER

5 **KLEIDUNG WEGRÄUMEN**
Sammeln Sie die am Boden herumliegende Kleidung auf und schütteln Sie den Staub heraus. Alles, was noch nicht in die Wäsche muss, verschwindet gefaltet oder aufgehängt wieder im Schrank.

6 **SCHMUTZIGE KLEIDER AUSSORTIEREN**
Am besten ist es, wenn Ihr Kind einen eigenen Korb für Schmutzwäsche in seinem Zimmer hat. Ansonsten stapeln Sie alles in der Nähe der Tür und nehmen es zum Schluss mit hinaus.

7 **SPIELSACHEN AUFRÄUMEN**
Lesen Sie die Spielsachen auf und sortieren Sie sie wieder in Schachteln, Körbe und Regale ein. Verschmutzte, klebrige Stücke wischen Sie rasch mit einem feuchten Schwamm ab oder geben sie zur Wäsche.

8 **ABSTAUBEN**
Mit einem feuchten Mikrofasertuch sind Nachtkästchen, Schreibtisch und andere Oberflächen ruckzuck abgestaubt. Leuchten und Elektrogeräte werden vom Strom getrennt und nur schwach feucht gewischt.

9 **DEN MÜLLEIMER LEEREN**
Im Mülleimer oder Papierkorb des Kinderzimmers sammeln sich die unterschiedlichsten Abfälle. Trennen Sie den Müll und verteilen Sie ihn auf die verschiedenen Recyclingbehälter und den Restmüll.

10 **STAUBSAUGEN**
Konzentrieren Sie sich auf die am stärksten beanspruchten Zonen (Eingang, Spielteppich etc.). Mit der Fugendüse erreichen Sie die unzugänglichen Ecken. Falls Zeit ist, saugen Sie auch hinter dem Bett.

▮ KINDER UND HAUSTIERE

Ordnung im Kinderzimmer

Spielzeug, Bücher, Kleider, Plüschis, Notebook – unglaublich, wie viel Zeug sich im Kinderzimmer ansammelt. Um dennoch Ordnung zu halten und den Raum zugleich schön zu gestalten, müssen clevere Lösungen her: Nutzen Sie vielseitig verwendbare Behälter und den Platz hinter und unter dem Bett, stellen Sie Regale auf und ordnen Sie alles so an, dass es für ihr Kind leicht erreichbar ist. Eine sinnvolle, übersichtliche Grundordnung ist die beste Voraussetzung zum selbstständigen Aufräumen.

HÄNGETASCHE
In hübschen Taschen mit Knopf- oder Klettaufhängung sind die allerliebsten Stücke auch in Reichweite, wenn Ihr Kind schon im Bett liegt.

UNTERBETTKOMMODEN
Körbe, Stoff- oder Pappschachteln lassen sich leicht unters Bett schieben und sind dort vor allem für kleinere Kinder gut erreichbar. Größere Kinder verstauen hier alles, was sie nicht so häufig benutzen. In diesem Fall sollten die Behälter einen Deckel haben – gegen Staub.

SPIELZEUGTRUHE
Eine schöne Truhe beherbergt sperrige Spielsachen oder Bettzeug. Besonders praktisch sind auf Rollen bewegliche Truhen.

REGAL
Wenn nicht nur Bücher im Regal gelagert werden sollen, empfiehlt sich ein tieferes Modell mit variabler Einteilung und verschieden großen Fächern.

AUFBEWAHRUNG FÜR BUNTSTIFTE
Schon ein hübscher Plastikbecher erfüllt diesen Zweck vollkommen: Die Stifte sind übersichtlich aufgeräumt anstatt überall verteilt.

STEHSAMMLER
Darin sind Comics, Malbücher und Zeitschriften gut aufgehoben. Inzwischen gibt es die Papp- oder Kunststoffboxen in vielen schönen Designs, die gar nicht nach Büro aussehen.

PLÜSCHTIERE
Wenn alle Kuscheltiere erst einmal in ihrem Korb zur Nacht gebettet sind, wird sich auch Ihr Kind lieber schlafen legen. Achten Sie beim Kauf darauf, dass die Plüschtiere leicht waschbar sind.

ORDNER
Ermutigen Sie größere Kinder, Zeichnungen und Schulunterlagen abzuheften. In dekorativen Ordnern sind sie vor Eselsohren geschützt.

KISSEN
Damit wird aus der Spielzeugtruhe eine Sitzbank oder ein Möbelstück für die Puppenstube.

KÖRBE
Verschieden große Körbe sind die beste Aufbewahrung für Spielzeug. Beschriftungen (bei kleineren Kindern Symbole) sorgen dafür, dass mit System aufgeräumt wird.

KINDER UND HAUSTIERE

Tierhaare von Polstern entfernen

3 MIN.

Tierhaare auf Polstermöbeln sehen nicht nur unschön aus, sie sind auch Nahrung für Staubmilben. Vor allem, wenn es Allergiker in der Familie gibt, sollten Sie die Haare täglich entfernen. Mit der hier gezeigten Technik geht es schnell und einfach.

DAZU BRAUCHEN SIE:

Gummihandschuhe

Staubsauger mit Staubbürste

→1

→2

Ziehen Sie einen Gummihandschuh über und halten Sie ihn kurz unter fließend kaltes Wasser. So befeuchten Sie den Handschuh nicht nur, Sie entfernen zugleich Putzmittelreste, die dem Stoff schaden könnten.

Schütteln Sie tropfendes Wasser ab, dann streichen Sie mit dem feuchten Handschuh über die mit Tierhaaren verschmutzten Stellen Ihrer Polstermöbel. Die Bewegungen sollten sanft sein, aber so rasch wie beim Bürsten.

TIERHAARE VON POLSTERN ENTFERNEN

Extra-Tipps

Tierhaare auf dem Teppichboden entfernt man am besten mit dem Staubsauger. Stellen, an denen sich besonders viele Haare sammeln, reinigen Sie vor dem Saugen wie unten gezeigt mit einem feuchten Gummihandschuh, denn dicke Haarbüschel können das Gerät verstopfen.

Die wichtigste Waffe gegen Tierhaare und -schuppen und die davon lebenden Milben ist der Staubsauger – vor allem wenn Ihr Gerät mit HEPA-Filter ausgestattet ist. Je häufiger Sie saugen, desto besser ist das Klima für Allergiker.

Regelmäßiges Bürsten pflegt das Fell Ihres Tieres, ein Großteil der losen Haare wird eingesammelt, bevor sie ausfallen, und die Haut neigt weniger zu Trockenheit und Schuppen (siehe auch Seite 187).

→3

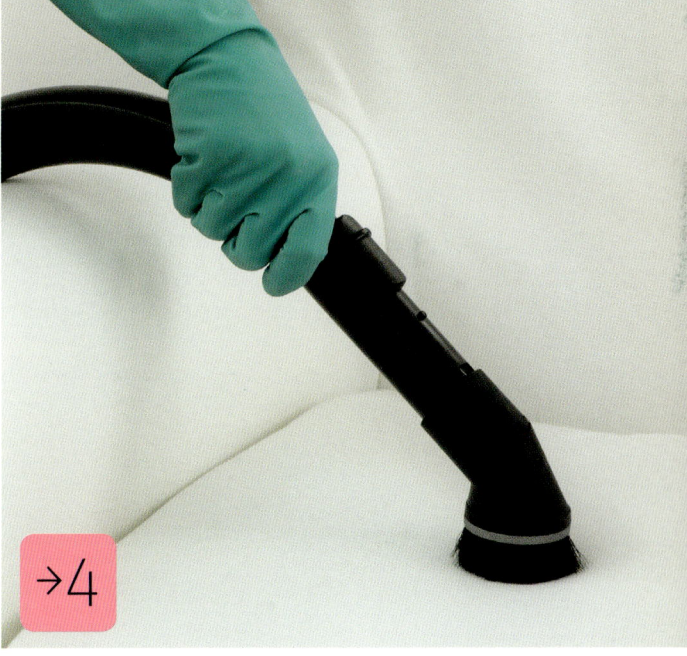

→4

Drücken Sie die am Handschuh haftenden Haare zu einem Ball zusammen und werfen Sie ihn weg. Danach halten Sie den Handschuh wieder unter den Wasserhahn und wiederholen den Vorgang, bis der Großteil der Haare weg ist.

Zum Schluss saugen Sie die Polster gründlich mit der Staubbürste ihres Saugers ab, um die restlichen feinen Härchen zu entfernen. Am besten eignen sich Geräte mit HEPA-Filter (siehe Seite 21 und 186).

KINDER UND HAUSTIERE

Haustierhaushalt

Egal wie sehr wir unsere Vierbeiner lieben – Tatsache ist, dass sie auch eine Menge Arbeit machen. Nicht nur ihre Haare verteilen sich überall im Haus, Tiere übertragen auch Krankheitserreger, die für den Menschen gefährlich sein können. Hygiene ist deshalb Pflicht: Der ganze Haushalt verlangt nach besonderer Gründlichkeit, vor allem aber muss der von den Haustieren verursachte Schmutz schnellstmöglich weg.

PLATZDECKE
Nicht nur im Körbchen, auch auf dem Lieblingsplatz im Wohnzimmer sollte eine maschinenwaschbare Decke liegen.

KÖRBCHEN
Achten Sie beim Kauf auf leicht zu reinigendes Material und praktische Form.

FELLBÜRSTE
Je nach Fell gibt es spezielle Bürsten. Wichtig: Nach jedem Einsatz reinigen und alle Haare entfernen.

FUTTERNÄPFE
Die Näpfe sollten regelmäßig sauber gemacht werden, deshalb sind spülmaschinenfeste Modelle am besten.

HAUSTIERHAUSHALT

SCHWAMM
Verwenden Sie für die Reinigungsarbeiten rund ums Tier einen gesonderten Schwamm.

ANTIBAKTERIELLE EINMALTÜCHER
Eine praktische Hilfe zum Aufwischen von diversen »Unfällen« im Haus – aber auch zum Reinigen des Körbchens und für anderes Zubehör, zum Beispiel Bürsten oder Spielzeug.

DÜNNE DECKE
Wählen Sie eine maschinenwaschbare Decke.

DESINFEKTIONSSPRAY
Gerade rund um den Fressplatz sollte man besonders auf Hygiene achten.

PLASTIKDECKEL
Sie verhindern, dass sich der Geruch angebrochener Futterdosen im Kühlschrank ausbreitet.

KOMPOSTIERBARE MÜLLBEUTEL
»Häufchen« oder Futterreste haben nichts im Küchenmülleimer zu suchen. Am besten gleich gut verschlossen in die Restmülltonne werfen.

GUMMIHANDSCHUHE
Verwenden Sie für die Hausarbeiten im Zusammenhang mit Tieren ein extra Paar Handschuhe.

185

 KINDER UND HAUSTIERE

10 TIPPS Umgang mit Allergien

Für Allergiker ist es entscheidend, den Staub im Haus zu reduzieren und Staubmilben loszuwerden. Dazu muss man vor allem regelmäßig saugen, aber auch die Auswahl der Bodenbeläge und der Umgang mit Tieren spielen eine wichtige Rolle.

1 DEN RICHTIGEN STAUBSAUGER KAUFEN
In einem Allergikerhaushalt sollte ein Gerät mit HEPA-Filter (High-Efficiency Particulate Air) verwendet werden. Saugen Sie mindestens einmal pro Woche besonders gründlich.

2 BEWUSST EINRICHTEN
Milben, Tierhaare und -schuppen setzen sich in Textilien fest. Daher sind Hartböden und waschbare Teppiche besser als Auslegware und Ledersofas besser als Stoffbezüge. Vorhänge regelmäßig waschen.

3 MILBENDICHTE ÜBERZÜGE ANSCHAFFEN
Für Matratzen, Decken und Kopfkissen gibt es spezielle Überzüge, sogenannte »Encasings«. Die Kunstfasern sind schön weich und so dicht gewoben, dass Allergene nicht durchdringen können.

4 BETTZEUG BEI HOHEN TEMPERATUREN WASCHEN
Bettwäsche und Matratzenschonbezüge müssen bei mindestens 60 °C gewaschen werden, um Milben abzutöten. Falls die Pflegeanleitung das nicht zulässt, kann man sie auch für 6 Stunden in die Gefriertruhe legen.

10 TIPPS ZUM UMGANG MIT ALLERGIEN

5 KÜHL-TROCKENES KLIMA SCHAFFEN
Milben haben es gerne warm und feucht. Deshalb sollten Sie häufig lüften, die Raumtemperatur niedrig halten und eventuell einen Luftentfeuchter anschaffen. Das gilt vor allem fürs Schlafzimmer.

6 KÖRBCHEN AUSWÄHLEN UND REINIGEN
Kaufen Sie waschbare Decken für ihr Tier und stecken Sie diese mindestens alle zwei Wochen in die Maschine. Auch das Körbchen sollte abwaschbar sein und regelmäßig ausgewaschen werden.

7 TIERE REGELMÄSSIG BADEN
Die meisten Tiere hassen es, aber es muss sein: Regelmäßiges Baden reduziert die im Haus vorhandenen Allergene erheblich. Am besten gewöhnen Sie Ihr Tier von klein auf an ein allmonatliches Bad.

8 SCHUPPENDE TIERHAUT VERMEIDEN
Trockene Haut lässt sich vermeiden, wenn Sie Ihrem Hund täglich etwas Pflanzenöl ins Futter geben (einige Tropfen für kleine Rassen, 1 Teelöffel für große). Katzen bekommen wöchentlich Fischöl oder Sardinen.

9 HÄUFIG BÜRSTEN
Damit Ihr Tier nicht so stark haart, sollten Sie es jede Woche gründlich bürsten. Sinnvollerweise geht man dazu ins Freie und überlässt diese Aufgabe dem am wenigsten allergischen Familienmitglied.

10 KEINE TIERE IM SCHLAFZIMMER
Bei Allergikern dürfen Tiere nicht ins Schlafzimmer – und schon gar nicht ins Bett. Halten Sie daher die Schlafzimmertür geschlossen. Am besten erklären Sie für Tiere auch Sofas und Sessel zum Tabu.

KINDER UND TIERE

Raumerfrischer

Tier- und Essensgerüche, Zigarettenqualm und abgestandene Luft müssen nicht sein. Schon regelmäßiges Stoßlüften beseitigt die meisten unangenehmen Gerüche. Beim Kochen sollten Sie den Dunstabzug einschalten, das Fenster öffnen und die Küchentür schließen. Bevor Sie zur chemischen Keule greifen, können Sie eine Reihe von natürlichen Produkten und einfachen Tricks probieren. Küchengerüche zum Beispiel verfliegen im Nu, wenn man Orangenschale in etwas Wasser köchelt.

SPRÜHFLASCHE
Alles, was Sie für ein tolles Raumspray brauchen, ist eine leere Sprühflasche, Wasser und ein paar Tropfen ätherisches Öl.

DUFTKERZEN
Etwas teurere Kerzen riechen meist wesentlich besser, da sie öfter mit natürlichen Stoffen parfümiert sind.

MIT NELKEN GESPICKTE ORANGE
Einfach herzustellen und natürlich: In ein Schälchen gestellt erfrischt die Orange den ganzen Raum.

ÄTHERISCHE ÖLE
Die Auswahl an natürlichen ätherischen Ölen ist riesig: Wählen Sie Ihren Lieblingsduft für ein selbst gemachtes Raumspray oder die Duftlampe.

RAUMERFRISCHER

ZIMMERPFLANZEN
Für das hier abgebildete Einblatt *(Spathiphyllum wallisii)*, aber auch für Pflanzen wie Grünlilie *(Chlorophytum comosum)* oder Bergpalme *(Chamaedorea elegans)* braucht man keinen grünen Daumen. Sie sind einfach zu pflegen und filtern viele Schadstoffe aus der Luft.

LAVENDELSÄCKCHEN
Die traditionelle Methode für zarten Duft in Schränken und Schubladen.

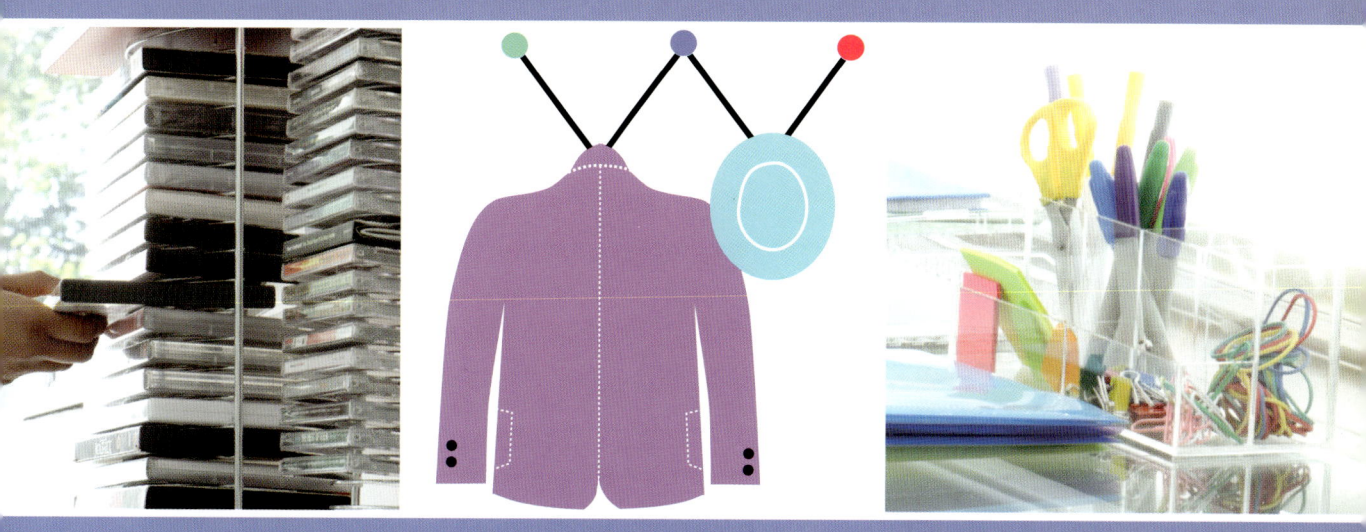

Ordnung schaffen und halten

ORDNUNG SCHAFFEN UND HALTEN

 **10 TIPPS**

Effektiv ausmisten

Das Ziel beim Ausmisten heißt: Alles loswerden, was man nicht mehr braucht, und den Rest auch wirklich schätzen und benutzen. Schon die Vorstellung, wie Sie den dabei gewonnen Platz gestalten werden, kann sehr motivierend wirken.

1 SÄCKE UND KISTEN BEREITHALTEN
Sie brauchen große Säcke für alles, was in den Müll kommt, Säcke für die Dinge, die Sie für Wohltätigkeitssammlungen spenden oder Freunden schenken wollen, und Kisten für das, was sie aufheben.

2 SINNVOLL BESCHRIFTEN
Beschriften Sie alle Aufbewahrungskisten mit Aufklebern oder dicken Markern. Man glaubt zwar immer, man könne sich merken, was in welcher Kiste steckt, aber das funktioniert eigentlich nie.

3 NEBENHER PUTZEN
Nutzen Sie die Gelegenheit, leergeräumte Schubladen und Schränke gründlich zu saugen und auszuwischen. Fächer im Kleiderschrank und Schubladen kann man dabei auch mit Duftpapier auslegen.

4 HART MIT SICH SEIN
Versuchen Sie den sentimentalen Wert, den manche Dinge besitzen, gegen praktische Argumente abzuwägen – vor allem bei Dingen, die viel Platz wegnehmen und kaum benutzt werden.

10 TIPPS FÜR EFFEKTIVES AUSMISTEN

5 DIE ZAUBERFRAGEN STELLEN
Funktioniert das noch? Benutze ich das noch regelmäßig? Denke ich in ein paar Monaten noch daran und finde ich es dann auch wieder? Ein »Nein« genügt schon, um einen Gegenstand auszusortieren.

6 WEITERSCHENKEN
Mit unbenutzten Geschenken kann man jemand anderem vielleicht eine echte Freude machen. Peinlich wird es nur, wenn man etwas an die Person schenkt, von der man es hat. Tipp: Gleich beschriften.

7 EINS REIN, EINS RAUS
Der Trick, damit sich erst gar nicht so viel Mist ansammelt, ist im Prinzip ganz einfach, in der Praxis aber oft hart: Jedes Mal, wenn ein neuer Gegenstand ins Haus kommt, muss ein alter raus.

8 MÜLL NUR ALS LETZTE LÖSUNG
Gedankenlos alles in die Tonne zu stopfen und immer mehr Müll anzuhäufen, kann keine Lösung sein. Versuchen Sie, möglichst viele Dinge zu verkaufen, zu verschenken oder zu recyceln.

9 SYSTEMATISCH VORGEHEN
Wenn Sie an einem Wochenende den kompletten Haushalt entrümpeln wollen, werden Sie vermutlich mittendrin frustriert aufgeben. Besser: Einen Raum in Angriff nehmen und sich ein Zeitlimit setzen.

10 KEINE ANGST VOR UNORDNUNG
Natürlich sieht beim Ausmisten erst einmal alles wüst aus: Ohne vorübergehende Unordnung kann man keine bessere Ordnung herstellen. Wichtig ist nur, dass Sie auch im Chaos den Überblick behalten.

ORDNUNG SCHAFFEN UND HALTEN

Vernünftig recyceln

Angesichts immer weiter wachsender Müllberge sollte man auch beim Ausmisten verantwortlich handeln. Fast alles kann weiter- oder wiederverwendet werden. Recycling ist nicht nur gut für die Umwelt, manchmal kann man sogar Geld damit verdienen.

1 VERSCHENKEN UND SPENDEN
Für nicht mehr verwendete Kleider und Schuhe, aber auch für Haushaltsgegenstände oder Spielzeug gibt es viele dankbare Abnehmer – seien es Freunde, Verwandte oder Wohltätigkeitseinrichtungen.

2 VERKAUFEN
Internetauktionen, kostenlose Kleinanzeigenblätter, Flohmärkte, Second-Hand-Shops: Es gibt viele Möglichkeiten, altes Zeug wieder zu Geld zu machen, man muss sich nur ein bisschen Zeit dafür nehmen.

3 HAUSHALTSGERÄTE WEGGEBEN
Kaputte Kühlschränke, Gefriergeräte, Waschmaschinen und Herde müssen zum Wertstoffhof. Noch funktionstüchtige Geräte oder solche mit kleinem Defekt werden gerne von Hilfsorganisationen abgeholt.

4 MÖBEL SPENDEN
Viele Hilfsorganisationen nehmen auch gut erhaltene Möbel an. Wenn Sie Ihre Lieblingsstücke lieber privat weitergeben möchten, schauen Sie im Internet nach einem Verschenknetzwerk (z.B. Freecycle).

10 TIPPS FÜR VERNÜNFTIGES RECYCLING

5 ELEKTROSCHROTT ENTSORGEN
Mobiltelefone, MP3-Player, Fernseher und Computer enthalten kostbare Rohstoffe und hochgiftige Substanzen. Deshalb werden Sie in den kommunalen Wertstoffhöfen gesammelt und dem Recycling zugeführt.

6 BETTWAREN SPENDEN
Gut erhaltene Bettwaren und Wolldecken sind frisch gewaschen bei Obdachlosenheimen und Wohltätigkeitssammlungen gut aufgehoben. Auch Tierheime können häufig Decken und Handtücher brauchen.

7 CDs UND DVDs RECYCELN
Mittlerweile gibt es in vielen Gemeinden Sammelstellen. Falls Sie in Ihrer Nähe keine finden, können Sie die Scheiben auch per Post an eine Recyclingfirma schicken. Vor Datenklau schützen tiefe Kratzer.

8 TAUSCHEN
Bei Tauschbörsen (z.B. tauschticket.de) im Internet kann man Bücher und vieles mehr gezielt tauschen: Man erhält Punkte, damit kann man sich aus dem Angebot der anderen Mitglieder etwas aussuchen.

9 REDUZIEREN, WIEDERVERWENDEN, RECYCELN
»Reduce, Reuse, Recycle« heißt das grüne Mantra. Der erste Schritt ist dabei der wichtigste: Reduzieren Sie Müll, indem Sie weniger Dinge kaufen und dafür auf gute Qualität und lange Haltbarkeit achten.

10 DEN KREIS SCHLIESSEN
Abfall recyceln und Recycling-Produkte kaufen – das gehört zusammen, nur so funktioniert der Kreislauf. Mittlerweile gibt es jede Menge innovative Dinge für den Haushalt, aber auch Mode und vieles mehr.

ORDNUNG SCHAFFEN UND HALTEN

15 MIN. Multimedia bändigen

Diverse Geräte, jede Menge Fernbedienungen, CD-Hüllen und ein schlimmer Kabelsalat: Wenn man nicht ständig suchen und darüberstolpern will, muss man auf clevere Weise Ordnung in die heimische Multimedia-Ausrüstung bringen.

DAFÜR BRAUCHEN SIE:

Fernbedienungsablage
Kabelschläuche
CD-/DVD-Ständer
Spiele-Station

→1

→2

Fernbedienungen kann man endlos suchen, wenn sie keinen festen Platz haben. In einer speziellen Ablage wie dieser sind sie gut aufgehoben, vor dem Darauftreten und -setzen geschützt und jederzeit zur Hand.

Lose Kabel sind gefährlich. Ein einzelnes Kabel kann man unter den Teppich oder die Fußleiste schieben. Wenn es mehrere sind, fasst man sie in Kabelschläuchen zusammen. Dazu passend gibt es Kabelkanäle zur Wandmontage.

MULTIMEDIA BÄNDIGEN

Extra-Tipps

An die Wand montiert oder im Schrank verstaut nehmen Geräte weniger Platz weg.

Die Film- und Musiksammlung beansprucht überhaupt keinen Platz mehr, wenn Sie alles nur noch digital speichern und nutzen. Sowohl auf Computer, Abspielgerät und externer Festplatte abgelegt, sind die Daten auch dann sicher, wenn ein Gerät kaputtgehen sollte.

Steckerleisten mit einer ausreichenden Anzahl von Steckplätzen schaffen nicht nur Ordnung, entsprechend ausgerüstete Modelle schützen die Geräte auch vor Überspannung, zum Beispiel wenn der Blitz einschlägt. Mit einer abschaltbaren Leiste umgehen sie den hohen Stromverbrauch des Stand-by-Modus: Ein Klick und alle Geräte sind vom Netz getrennt.

→3

→4

CDs und DVDs nehmen eine Menge Platz ein, verstauben leicht und aufgetürmt kippen sie gern. Ordentlicher ist es, wenn alle CDs in ihren Hüllen stecken und in einem Ständer einsortiert sind. Staubfrei lagern sie in einer Schublade.

Für Spielekonsole und Spiele gibt es spezielle Halterungen, in manchen kann man zugleich die Fernbedienungen aufladen. Gewöhnen Sie Ihren Kindern an, alle Teile nach dem Spielen wieder in die Station einzuräumen.

ORDNUNG SCHAFFEN UND HALTEN

Ordnung in der Küche

Um effizient kochen zu können, muss alles dort griffbereit sein, wo es gebraucht wird. Töpfe, Pfannen, Kochgeschirr und andere Küchenhelfer gehören also in die Nähe des Herds. Vor allem Töpfe und Deckel nehmen eine Menge Platz ein, aber glücklicherweise gibt es eine Reihe praktischer Halterungen dafür. Noch besser sind die tiefen Schubladen, die sich in modernen Einbauküchen durchgesetzt haben: Darin kann man alle Utensilien ohne viel Stapeln und Kramen verstauen und sehr gut darauf zugreifen.

TOPFDECKELHALTER
Deckel sind generell schwer zu verstauen. Neben der hier gezeigten Halterung zum Aufstellen gibt es platzsparende Modelle zur Montage an der Wand oder im Schrank – dort sind sie am besten aufgehoben.

BACKUTENSILIEN
Tiefe Schubladen sind ein Segen für die Aufbewahrung von Backformen, Blechen und anderem Zubehör – vor allem weil moderne Einbauherde oft kein Schubfach mehr haben. Bei der Planung einer neuen Küche unbedingt berücksichtigen!

FACH FÜR SELTEN GENUTZTES
In einer der unteren Laden finden weniger häufig genutzte Utensilien und Elektrogeräte Platz.

TOPFSTÄNDER
Kochtöpfe und Pfannen darf man je nach Beschichtung nicht ineinanderstapeln. Spezielle Ständer schaffen Ordnung und sparen Platz im Schrank.

HÄNGEVORRICHTUNG
Die Griffe der meisten Küchenhelfer sind so gestaltet, dass man sie über dem Herd aufhängen kann. So ist das Benötigte immer schnell zur Hand.

Ordnung im Vorratsschrank

Bei den Vorräten hat jeder so seine Angewohnheiten und Vorlieben. Aber egal, wie diese aussehen: All das, was man regelmäßig braucht, sollte immer im Haus sein. Dazu kommen ein paar Konserven, mit denen man sich behelfen kann, wenn man mal nicht zum Einkaufen kommt. Allzu umfangreich dürfen die Vorräte aber auch nicht sein, sonst werden sie schlecht und müssen weggeworfen werden. Überprüfen Sie regelmäßig die Mindesthaltbarkeitsdaten (MHD), besonders bei Lebensmitteln, die im Schrank nach hinten gerutscht sind.

VORRATSGLÄSER
Größere Gläser dienen zum Lagern trockener Zutaten. Wenn Sie die Packung mit hineintun, bleibt das MHD erhalten. In kleinere Gläser füllt man zum Beispiel selbst gemachte Konfitüre.

KONSERVENGLÄSER
Konserven, die Sie häufig brauchen, stehen im Regal vorn. Kontrollieren Sie aber auch bei den hinteren regelmäßig das MHD.

GEWÜRZKREISEL
Gewürze und Kräuter verlieren mit der Zeit ihr Aroma, deshalb sollte man immer nur kleinere Mengen vorrätig haben. In einem drehbaren Gewürzständer findet man rasch, was man sucht.

KONSERVENDOSEN
In Dosen abgefüllte Lebensmittel sind in der Regel sehr lange haltbar – aber gerade deshalb vergisst man sie leicht. Kontrollieren Sie regelmäßig die MHD, stellen Sie beinahe abgelaufene Dosen nach vorn und brauchen Sie sie bald auf. Doseninhalte muss man nach Anbruch in Frischhalteboxen umfüllen und im Kühlschrank aufbewahren.

CRACKER-DOSE
Cracker, Knäckebrot und Ähnliches lagert man zum Schutz vor Feuchtigkeit und Ungeziefer in einer dicht schließenden Dose.

PASTA-GLÄSER
Für lange Teigwaren wie Spaghetti gibt es besonders hohe Vorratsgläser mit fest sitzendem Deckel. Darin sind die Nudeln vor Ungeziefer und Feuchtigkeit geschützt. Und Sie erkennen auf einen Blick, was drin ist.

MÜSLISPENDER
Müslimischungen, Haferflocken oder Cornflakes sind am besten in luftdicht schließenden Behältern aufgehoben. Viele haben im Deckel noch eine kleinere, zusätzliche Öffnung, so kann man den Inhalt gleich in die Schälchen schütten.

KEKSGLAS
In einem Glas mit großer Öffnung und luftdichtem Deckel bleiben Kekse länger knusprig als in einer offenen Packung: Dort nehmen sie Luftfeuchtigkeit an und werden weich.

ORDNUNG SCHAFFEN UND HALTEN

Kleinkramfächer aufräumen

20 MIN.

Irgendwo gibt es in jedem Haushalt eine Schublade, in der sämtlicher Kleinkram gesammelt wird. Meistens ist es eine Küchenschublade. Wenn darin erst einmal Ordnung herrscht, muss man seine kostbare Zeit nie mehr mit Wühlen und Suchen verschwenden.

DAZU BRAUCHEN SIE
Staubsauger mit Fugendüse
Schwamm
verschließbare Plastikbeutel, Briefumschläge
Etiketten
Schubladeneinteilung

→1

→2

Zuerst räumen Sie die Schublade ganz aus. Mit der Fügendüse des Staubsaugers entfernen Sie Krümel und groben Schmutz, danach wischen Sie die Schublade feucht aus und lassen Sie offen trocknen.

Sortieren Sie den Inhalt. Auf diese Weise fällt Ihnen auf, was eigentlich an eine andere Stelle gehört und was man wegwerfen kann: Der Malerpinsel zum Beispiel kommt zurück in den Werkzeugkasten, das alte Konzertticket in den Müll.

KLEINKRAMFÄCHER AUFÄUMEN

Extra-Tipps

Beim Einräumen sollten Sie darauf achten, dass häufig gebrauchte Teile nach vorne und oben kommen und die weniger oft benötigten nach hinten.

Die Zauberfragen (Seite 193, Tipp 5) helfen Ihnen, auch beim Ausmisten des Schubladeninhalts herauszufinden, was aufbewahrt werden soll und was nicht.

Nehmen Sie diese Aktion zum Anlass, nach und nach auch die anderen Schubladen und Behälter im Haus aufzuräumen. Beim Wegräumen von Gegenständen, die in der Kleinkramschublade nichts verloren haben, fällt Ihnen bestimmt auf, wo es sonst noch an Struktur fehlt. Wenn Sie nicht gleich dazu kommen, dann nehmen Sie es sich fest für die nächste Woche vor.

→3

→4

Verpacken Sie Gebrauchsanweisungen und Garantiebelege in einer Plastikhülle. Prospekte und Visitenkarten kommen in Briefumschläge, Kleinteile wie Batterien oder Heftklammern in kleine Beutel. Alles beschriften!

Zum Schluss räumen Sie alles wieder ein, ohne die Schublade dabei zu voll zu machen. Wenn Sie mögen, verwenden Sie eine herausnehmbare Einteilung oder ein Besteckfach, darin sieht man das Meiste auf einen Blick.

◉ ORDNUNG SCHAFFEN UND HALTEN

Ordnung im Kühlschrank

Wie, wo und für wie lange Sie Lebensmittel im Kühlschrank lagern, das sind wichtige Faktoren für die Lebensmittelsicherheit. Vor allem der richtige Platz im Kühlschrank ist wichtig, denn die Temperatur ist nicht überall genau gleich niedrig. Im Durchschnitt sollte sie zwischen 3 und 5 °C liegen. Bei höheren Temperaturen vermehren sich Bakterien sehr viel schneller. Wenn Ihr Kühlschrank keine Temperaturanzeige besitzt, dann lohnt sich die Anschaffung eines Thermometers. So kann man die Temperatur sommers wie winters konstant halten. Ebenfalls entscheidend sind die richtige Verpackung und das Beachten des Mindesthaltbarkeitsdatums (MHD).

MILCHPRODUKTE UND EIER
Eier, Käse und andere Milchprodukte kommen ins oberste Fach. Dort halten sich Weichkäse gut verpackt eine Woche, Hartkäse bis zu 3 Wochen.

GEGARTES FLEISCH
In einen Glasbehälter gelegt und sorgfältig mit Frischhaltefolie oder einem passenden Deckel abgedeckt hält sich gegartes Fleisch im Kühlschrank 3–4 Tage lang. Es muss immer getrennt von rohem Fleisch gelagert werden.

ROHES FLEISCH
Abgepacktes Fleisch ist mit einem Verfallsdatum versehen, frisch vom Metzger hält es sich 3–5 Tage. Gut verpackt legt man es in eines der unteren Fächer. Achten Sie darauf, dass kein Blut heraustropft. Es könnte Bakterien auf andere Lebensmittel übertragen.

GEMÜSE UND SALAT
Je nach Sorte und Frische halten sich Gemüse und Salate im unteren Teil des Kühlschranks etwa eine Woche. Kontrollieren Sie den Bestand täglich und verbrauchen Sie alles, möglichst bevor es welk und unappetitlich wird.

OBST
Genau wie Gemüse lagert man auch frisches Obst im unteren Teil des Kühlschranks. In den großen Fächern hält es sich teils mehrere Wochen.

ORDNUNG SCHAFFEN UND HALTEN

Ordnung im Gefrierschrank

Gefriergeräte sind eine tolle Sache, aber je größer sie sind, desto eher neigt man dazu, Lebensmittel zu lange zu lagern – und irgendwann wird auch tiefgefrorenes Essen schlecht. Überprüfen Sie den Inhalt Ihres Gefrierschranks einmal im Monat, damit alles rechtzeitig aufgebraucht wird. Noch besser ist eine Magnettafel an der Gerätetür, auf der Sie auflisten, was sie wann hineingetan haben. Wenn Sie selbst etwas einfrieren, müssen Sie es sorgfältig verpacken, dabei möglichst viel Luft herausdrücken und das Datum daraufschreiben. Das A und O ist aber die richtige Temperatur im Gefrierschrank: Sie sollte bei mindestens −18 °C liegen.

KÜHLAKKUS
Vorne im oberen Teil des Gefrierschranks gelagert haben Sie die Akkus schnell zur Hand, um Lebensmittel beim Picknick oder während der Kühlschrankreinigung zu kühlen.

NICHT GEFRORENES
Stecken Sie noch nicht gefrorene Lebensmittel immer dicht zwischen gut durchgefrorene, so geht das Einfrieren viel schneller.

VORGEKOCHTES ESSEN
Am praktischsten sind dafür Gefäße, die man vom Gefrierschrank direkt in den Ofen oder in die Mikrowelle schieben kann. Zum Abdecken eignet sich Alufolie. Maximale Haltbarkeit: 4–6 Monate.

FISCH
Bei abgepackt gekauftem Fisch können Sie sich am aufgedruckten Haltbarkeitsdatum orientieren. Fettfische halten sich etwa 4 Monate lang, Plattfische sogar 10 Monate.

ROHES FLEISCH
Je nach Sorte und Schnitt hält sich frisches Fleisch bis zu einem Jahr. Lagern Sie es unten im Gerät, damit eventuell heraustropfendes Blut nichts anderes verunreinigt.

STANGENEIS
In einem flachen Fach aufbewahrt, rutschen sie nicht so leicht nach hinten und sind leichter zu finden.

EISWÜRFEL
Offene Eiswürfelbehälter müssen ins oberste Fach, damit nichts hineintropft oder -bröselt.

EISCREME
Da man häufiger mal kleine Portionen entnimmt, kommen die Eiscremebehälter im oberen Teil des Geräts nach vorn.

OBST UND GEMÜSE
Selbst eingefrorenes Obst und Gemüse verpackt man in Gefrierbeutel. Sie werden mit Clips verschlossen oder zugeschweißt und mit Inhalt und Datum versehen. Obst hält sich zwischen 8 Monaten und 1 Jahr, Gemüse maximal 1 Jahr. Bei fertig gekauften Tiefkühlprodukten ist die Haltbarkeit oft anders. Orientieren Sie sich am Aufdruck.

BACKWAREN
Brote und Aufbackbrötchen kann man für bis zu 3 Monate einfrieren.

ESSENSRESTE
Vor allem für flüssige Gerichte wie Suppe oder Püree brauchen Sie Tiefkühlbehälter mit gut schließenden Deckeln. Fleischhaltige Zubereitungen sind 2–6 Monate haltbar. Nicht vergessen: Inhalt und Datum draufschreiben.

EINZELPORTIONEN
Zusammengefrorene Lebensmittel kann man kaum wieder trennen. Deshalb empfiehlt es sich, alles in den üblicherweise verwendeten Portionen einzufrieren. Dafür eignen sich dicht verschlossene, beschriftete Gefrierbeutel am besten. Die hier gezeigten Würstchen sind 1–2 Monate haltbar.

ROHES GEFLÜGEL
Tiefkühlhähnchen, -puten oder -gänse sind höchstens 1 Jahr haltbar.

ORDNUNG SCHAFFEN UND HALTEN

Ordnung im Flur

10 TIPPS

Beim Heimkommen lässt man erschöpft alles einfach fallen – so geraten Flur, Eingang und Garderobe leicht zu einer Art Deponie. Damit sich das Chaos in Grenzen hält und Ihr Flur vorzeigbar bleibt, braucht es eine Grundordnung und etwas Disziplin.

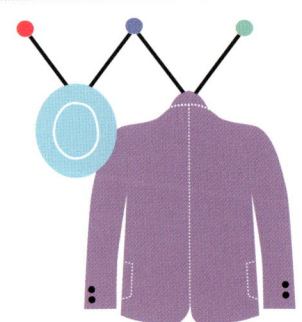

1 GARDEROBENMÖBEL AUFSTELLEN
Das beste Hilfsmittel ist ein Garderobenschrank, in dem Jacken, Mäntel, Taschen und Mützen verschwinden. Falls dafür kein Platz ist, montieren Sie Haken und Borde und stellen Körbe für den Kleinkram bereit.

2 ORDNUNG ANGEWÖHNEN
Gewöhnen Sie sich und Ihrer Familie an, Jacken und Mäntel sofort beim Hereinkommen aufzuhängen und Schuhe wegzustellen. Außerdem sollte nichts in der Garderobe liegen bleiben, was hier nicht hingehört.

3 FEUCHTE KLEIDER TROCKNEN
Feuchte Kleider dürfen nicht in den Schrank oder auf volle Garderobenständer gehängt werden, sonst bilden sich Schimmel und muffiger Geruch. Die Lösung: ein Extrahaken an der Haus- oder Schranktür.

4 MIT DEN JAHRESZEITEN GEHEN
Verschwenden Sie keinen Platz mit Kleidung, die sowieso wochenlang nicht benutzt wird. Im Frühjahr und Herbst tauschen Sie alles aus und lagern das nicht mehr Gebrauchte aus (siehe Seite 210 und 213).

10 TIPPS FÜR ORDNUNG IM FLUR

5 PRIORITÄTEN SETZEN
Nicht alle Accessoires müssen an der Garderobe aufbewahrt werden. Wählen Sie nur die Taschen, Schals und Mützen aus, die Sie gerade regelmäßig benutzen. Der Rest kommt in die Kleiderschränke.

6 SCHUHREGALE BENUTZEN
Wenn bei Ihnen die »Schuhe-aus«-Regel gilt, dann brauchen Sie am Eingang ein Regal, in dem alle häufig benutzten Schuhe Platz finden. Noch ordentlicher sind Schuhfächer im Schrank oder Schuhschränke.

7 POST GLEICH MITNEHMEN
Post, Zeitungen und Prospekte landen oft erst einmal in der Garderobe. Gewöhnen Sie sich an, alles, was Sie lesen werden, gleich mit ins Wohnzimmer zu nehmen und den Rest sofort in den Papiermüll zu geben.

8 SCHLÜSSEL SICHERN
Lassen Sie Ihre Schlüssel nicht im Flur und vor allem nicht in der Nähe offener Briefschlitze herumliegen. Ein Schlüsselbrett oder -kasten an einem sicheren Ort erspart Ihnen Sucherei und unerwünschten Besuch.

9 KEINEN MÜLL ZWISCHENLAGERN
Stellen Sie volle Müllbeutel nicht im Flur ab. Sie riechen schlecht, können auslaufen und sehen unordentlich aus. Wenn Sie sie schon bis hierhin gebracht haben, dann schaffen Sie es auch noch bis zur Tonne.

10 EINEN SAMMELKORB AUFSTELLEN
Vor allem in einem Haus mit Treppen mag man nicht wegen jeder Kleinigkeit lange Wege machen. Ein im Flur aufgestellter Korb nimmt alles auf, was Sie später noch wegräumen müssen.

ORDNUNG SCHAFFEN UND HALTEN

30 MIN. Kleiderschränke aufräumen

Mindestens einmal im Jahr sollten Sie Ihren Kleiderschrank gründlich ausmisten und aufräumen. Das klingt nach viel Arbeit, dauert aber gar nicht lange. Danach freuen Sie sich jeden Morgen beim Anziehen: Es sieht toll aus und alles ist mit einem Griff zur Hand.

DAZU BRAUCHEN SIE:

Unterbettkommoden und/oder Kleidersäcke

Staubsauger mit Staubbürste

Schwamm

Mottenschutz

→1

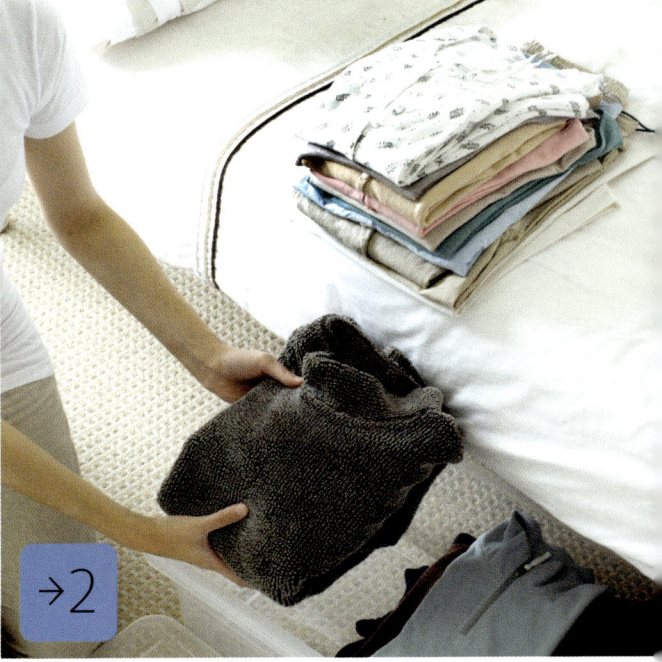

→2

Räumen Sie den Schrank aus und bilden Sie je eine Rubrik für die Altkleidersammlung, für Wäsche und Reinigung und zum Wiedereinräumen. Den leeren Schrank reinigen Sie mit dem Staubsauger und einem feuchtem Schwamm.

Sortieren Sie den dritten Stapel erneut und verstauen Sie Kleidung, die Sie zu dieser Jahreszeit nicht brauchen, vor Staub und Feuchtigkeit geschützt in Unterbettkommoden oder in speziellen Kleidersäcken.

KLEIDERSCHRÄNKE AUFRÄUMEN

Extra-Tipps

Konsequent ausmisten heißt: Alles, was Sie in den vergangenen zwei Jahren nicht getragen haben, wird im Second-Hand-Handel verkauft, an Freunde oder in die Altkleidersammlung gegeben.

Schwere oder lange Strickwaren sollte man nicht auf Bügeln, sondern liegend aufbewahren. Sie hängen sich leicht aus und verlieren ihre Form.

Größere Mottenschäden lassen sich vermeiden, wenn man beim Aufräumen alle Stücke kontrolliert. Kleinere Löcher lassen sich flicken, aber nur Heißwäsche, chemische Reinigung oder einwöchiges Einfrieren tötet Motten und Larven zuverlässig ab. Um vorzubeugen sollten Sie ein geeignetes Mottenschutzmittel verwenden und regelmäßig erneuern (siehe Seite 212).

→3

→4

Achten Sie beim Aufhängen der übrigen Stücke auf die richtigen Bügel: Metallbügel ruinieren feine Stoffe auf die Dauer. Besser sind solche aus Holz, Plastik oder Stoff. Für Hosen und Röcke gibt es Bügel mit Klammern.

Ordnen Sie die Kleidung beim Einräumen so sinnvoll, dass Sie alles schnell finden können: Hängen Sie zum Beispiel alle Blusen zueinander und trennen Sie lang- und kurzärmelige Shirts. Zum Schluss erneuern Sie den Mottenschutz.

ORDNUNG SCHAFFEN UND HALTEN

 Kleider- und Schuhpflege

Eigentlich ist es gar nicht so schwierig, Kleider und Schuhe jahrelang in einem Top-Zustand zu halten. Eine saubere, angemessene Aufbewahrung ist neben der Wäsche der wichtigste Faktor – auch im Kampf gegen den Hauptfeind: die Kleidermotte.

1 SCHRÄNKE UND SCHUBLADEN REINIGEN
Räumen Sie alle Schränke und Schubladen mehrmals jährlich leer. Gründlich ausgesaugt, gewischt, getrocknet und mit Schrankpapier ausgelegt bieten sie Kleidermotten kein behagliches Zuhause.

2 MOTTEN FERNHALTEN
Beugen Sie mit Lavendelsäckchen, Zedernholz oder Mottenschutzmitteln vor und kontrollieren Sie die Kleidung zweimal jährlich. Nur Heißwäsche, chemische Reinigung oder Einfrieren tötet Motten und Larven ab.

3 KLEIDUNG LÜFTEN, SCHUHE WECHSELN
Tragen Sie Kleidung und Schuhe möglichst nicht an zwei aufeinander folgenden Tagen, das erhöht ihre Haltbarkeit. Noch körperwarm gelüftet, erholen sich die Fasern, und Falten glätten sich von selbst.

4 NICHT ZU HÄUFIG WASCHEN
Bei häufigem Waschen verblassen Textilien und nutzen sich schneller ab. Vor dem Wegräumen sollten Sie getragene und noch nicht schmutzige Kleidung allerdings immer gründlich lüften, am besten über Nacht.

10 TIPPS ZUR KLEIDER- UND SCHUHPFLEGE

5 RICHTIG AUFBEWAHREN
Stopfen Sie den Schrank nicht zu voll: Kleider brauchen etwas Platz, sonst werden sie muffig. Beim Aufhängen oder Zusammenlegen schließen Sie drei Knöpfe oder den Reißverschluss und leeren alle Taschen.

6 MIT DEN JAHRESZEITEN GEHEN
Damit der Schrank nicht überquillt, sortieren Sie im Frühjahr und Herbst alle Teile aus, die Sie jetzt nicht mehr brauchen. Frisch gewaschen und geflickt lagern Sie sie in Kleidersäcken, Kisten und Koffern.

7 UNTERWÄSCHE ORDNEN
Getrennte Schubladen oder eine Einteilung in einzelne Fächer bringt Ordnung in Ihre BHs, Slips, Socken und Strümpfe. BHs bleiben mit ineinandergelegten Cups am besten in Form.

8 SCHUHE RICHTIG AUFBEWAHREN
Am besten geschützt sind Schuhe im geschlossenen Schrank oder Karton. Für gute Schuhe sind Spanner eine lohnende Anschaffung, bei Stiefeln kann man sich auch mit leeren PET-Flaschen behelfen.

9 NASSE SCHUHE SORGFÄLTIG TROCKNEN
Durchnässte Schuhe stopfen Sie mit Küchenpapier aus, um die Feuchtigkeit herauszuziehen und ihre Form zu erhalten. Erst wenn sie vollständig an der Luft getrocket sind, werden sie weggeräumt.

10 GERUCH BEKÄMPFEN
Müffelnde Schuhe riechen wieder frisch, wenn Sie am Abend etwas Natron hineinstreuen. Am nächsten Morgen klopfen Sie das Pulver einfach heraus oder entfernen es mit dem Staubsauger.

ORDNUNG SCHAFFEN UND HALTEN

Ordnung im Büro

Es arbeitet sich viel angenehmer, wenn der Schreibtisch aufgeräumt ist und man alles mit einem Griff zur Hand hat. Mappen, Ordner, Ablagesysteme und Halterungen für Stifte und anderen Kleinkram helfen Ihnen dabei, Ihr Heimbüro in den Griff zu bekommen. Überlegen Sie sich aber gut, welche Hilfsmittel wirklich zu Ihnen passen, sonst haben Sie es am Ende mit einer wirren Ansammlung von Ordnungssystemen zu tun. Auch wenn Sie nicht so viel Zeit an diesem Arbeitsplatz verbringen, sollten Sie nicht an einem guten Bürostuhl sparen, denn ein entspannter Rücken macht auch den Kopf frei.

BÜROSTUHL
Vor allem eines sollte ein Bürostuhl sein: bequem. Am wichtigsten ist, dass die Lehne die Lendenwirbelsäule (den unteren Rücken) gut stützt. Verstellbare Sitzhöhe und blockierbare Rollen sind ebenfalls wünschenswert. Hochwertigere Stühle stützen außerdem das Kreuzbein (am unteren Ende der Wirbelsäule), sie haben verstellbare Sitzflächen und Armlehnen.

ORDNUNG SCHAFFEN UND HALTEN

Keller oder Dachboden aufräumen

Keller und Dachboden bieten willkommenen Stauraum, aber ohne Ordnung und regelmäßiges Ausmisten versinken sie sehr schnell im Chaos. Mit ein paar einfachen Tricks behalten Sie den Überblick und ersticken nicht irgendwann in Ihrem Gerümpel.

1 ENTRÜMPELN
Seien Sie hart mit sich selbst und fragen Sie sich bei jedem Gegenstand: Habe ich das im vergangenen Jahr benutzt oder vermisst? Wenn nicht, dann weg damit: spenden, verkaufen oder entsorgen.

2 SORTIEREN
Unterscheiden Sie dabei auch zwischen saisonal benutzten Gegenständen und solchen, die für kürzere oder längere Zeit verstaut werden müssen. Entsprechend planen Sie, welche Behälter sie brauchen.

3 DIE RICHTIGE AUFBEWAHRUNG WÄHLEN
Kartons, wasserfeste Boxen, Klappkisten – wählen Sie je nach Inhalt die richtige Aufbewahrung in der passenden Größe, am besten stapelbar und mit ausreichend Schutz gegen Staub und Feuchtigkeit.

4 STAURAUM BESSER EINTEILEN UND BELEUCHTEN
Alles, was häufiger benutzt wird, kommt in die Nähe der Tür, was auf Dauer verstaut wird, nach hinten. Falls nötig, montieren Sie zusätzliche Leuchten, damit man nicht im Dunkeln herumkramen muss.

10 TIPPS ZUM AUFRÄUMEN VON NEBENRÄUMEN

5 ALLES BESCHRIFTEN
Nur wenn jeder Behälter eindeutig beschriftet ist, finden Sie das Gesuchte rasch wieder. Achten Sie beim Einräumen darauf, dass die Beschriftung nicht falsch, verdeckt oder verschwunden ist.

6 DEN PLATZ AN DEN WÄNDEN NUTZEN
Regale, Borde und Haken bieten eine Menge zusätzlichen Stauraum, schaffen Ordnung und halten den Fußboden frei. Gleichzeitig entstehen gute Abstellmöglichkeiten für kleinere Gegenstände.

7 ZUGÄNGE FREILASSEN
Wenn Sie keinen Fuß mehr hineinsetzen können, nützt Ihnen auch der größte Keller nichts. Ordnen Sie alles so an, dass jede Kiste und jedes Regal ohne zu räumen jederzeit frei zugänglich ist.

8 KISTEN NICHT ÜBERFÜLLEN
Machen Sie die Kisten nur so voll und schwer, dass Sie sie ohne Verletzungsgefahr bewegen können. Denken Sie dabei an den nächsten Umzug und die Treppen, die zu Ihrem Keller oder Dachboden führen.

9 EINE LISTE ANFERTIGEN
Schreiben Sie sich genau auf, was Sie wo verstaut haben. Nach Monaten oder gar Jahren können Sie sich unmöglich an alles erinnern und die Suche nach etwas Bestimmtem dauert dann Stunden.

10 SAUBER HALTEN
Uralte, staubige Kisten voller Spinnweben will man nie mehr aufmachen. Räumen Sie den Keller oder Dachboden einmal im Jahr leer, dann misten Sie aus, stauben ab und wischen den Boden nass auf.

ORDNUNG SCHAFFEN UND HALTEN

 Sparsam haushalten

Geld sollte man genauso wenig verschwenden wie natürliche Ressourcen: Vom Energiesparen über bewusstes Einkaufen bis zum Putzen gibt es jede Menge Möglichkeiten, Ihren Haushalt ohne viel Aufwand sparsamer und umweltfreundlicher zu führen.

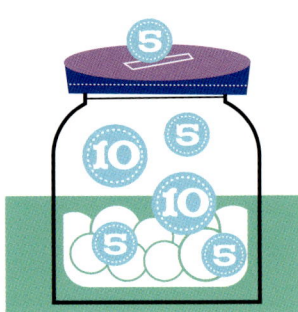

1 ENERGIE SPAREN
Schalten Sie beim Verlassen des Raums die Lichter aus, ziehen Sie einen Pulli über, anstatt die Heizung aufzudrehen, senken Sie den Wasserverbrauch und kaufen Sie stromsparende Geräte und Glühlampen.

2 EINEN HAUSHALTSPLAN AUFSTELLEN
Im Internet gibt es Programme, die Ihnen helfen Ihre Jahresausgaben detailliert zu erfassen. So erkennen Sie, ob Sie Ihrem Einkommen gemäß wirtschaften und in welchen Bereichen es Einsparmöglichkeiten gibt.

3 EINKAUFEN MIT SYSTEM
Kaufen Sie anhand von Küchenplan und Einkaufsliste für die gesamte Woche ein, anstatt täglich hungrig zum Supermarkt zu gehen. Das spart viel Zeit und bewahrt Sie vor unnötigen, teuren Appetitkäufen.

4 TÄGLICHE AUSGABEN SENKEN
Überlegen Sie, bei welchen Produkten Sie auf Billigangebote umsteigen wollen, was Sie auf Vorrat günstig einkaufen können und was verzichtbar ist: Nichtraucher und Vegetarier zum Beispiel sparen viel Geld.

10 TIPPS ZUM SPARSAMEN HAUSHALTEN

5 DEN GEFRIERSCHRANK VOLL MACHEN
Ein volles Gefriergerät verbraucht weniger Strom als ein halbvolles, und eine gute Resteverwertung spart Geld. Sollte der Gefrierschrank dennoch mal halb leer sein, stellen Sie mit Wasser gefüllte Milchkartons hinein.

6 LEBENSMITTEL SELBER ANBAUEN
Nicht umsonst ist das ein Riesentrend: Sogar Stadtmenschen ziehen sich ihre Kräuter auf dem Fensterbrett, Tomaten auf dem Balkon oder Salate im Blumenkasten: Natürlich, bio und obendrein billig.

7 NÄHEN LERNEN
Schon wenn Sie die wichtigsten Grundtechniken kennen, eine Hose kürzen und zerrissene Jeans flicken können, sparen Sie sich manchen Gang in die Änderungsschneiderei und viele Neuanschaffungen.

8 PACKUNGEN RESTLOS AUFBRAUCHEN
Um Reste aus Putzmittel- und Shampooflaschen zu nutzen, verdünnen Sie den Rest mit etwas Wasser. Tuben schneiden Sie einfach auf – der restliche Inhalt reicht mindestens noch für zwei bis drei Anwendungen.

9 WEITERVERWENDEN
Alte Zahnbürsten sind super zum Putzen, aus zerrissenen T-Shirts werden Staubtücher, stabile Lebensmittelverpackungen kann man noch lange weiterverwenden – und sicher haben Sie noch viel mehr Ideen.

10 MIT DIESEM BUCH ARBEITEN
Viele der Tipps in diesem Buch sparen Geld, denn gepflegte Einrichtung und Kleidung hält länger und muss seltener erneuert werden. Viele der im Buch vorgestellten Putzmittel sind günstiger als handelsübliche.

Register

A
Abfluss reinigen 107, 120-121
Abfluss verstopft, Spülbecken 120-121
abnehmbare Bezüge waschen 71
abspülen *siehe* Abwasch
abstauben 18-19
    Kinderzimmer 179
    Staubwedel 11
    Wohnzimmer 61
abtrocknen, Abwasch 109
Abtropffläche 106
Abtropfgitter 105
Abwasch 102-115
    Angebranntes entfernen 114-115
    Blitzputz Küche 38
    Gläser 108, 110-111
    Utensilien 104-105
    Vorbereitung 106-107
    Vorgehen 108-109
Acrylbadewanne, Kratzer 91
Alkohol, pharmazeutischer 161
Allergien, Umgang mit 186
Allzweckreiniger
    in der Sprühflasche 33, 41
Alufolie 45
Angebranntes entfernen 114-115
antibakterielle Einmaltücher 185
Arbeitsflächen, Küche 39, 40-41
Armaturen putzen 89, 91
Ärmel bügeln 145
Ärmelaufschläge bügeln 143
Aufbewahrung
    Beschriftung 192
    Büro 214-215
    CDs und DVDs 197
    Flur und Garderobe 208-209
    Keller und Dachboden 216-217
    Kinderzimmer 180-181
    Kleidung 210, 213
    Kleinkramfächer 202-203
    Kochutensilien 198-199
    Lebensmittel 39
    Schuhe 213
    Unterbett 180, 210
    Unterwäsche 213
    Vorratsschrank 200-201
aufräumen *siehe* Ordnung schaffen
ausmisten 192-193
    siehe auch Ordnung schaffen

B
Babyöl zum Schuheputzen 153
Backutensilien, Aufbewahrung 198
Badewanne putzen 86, 90-91
Badezimmer
    Badewanne 90-91
    Blitzputz 86-87
    Blitzschnell aufräumen 17
    Dusche 92-93
    Putzmittel 84-85
    Toiletten 94-95
    Waschbecken 86, 88-89
    WC-Verstopfung 96-97
Bakterien
    an Geschirrtüchern 109
    antibakterielle Einmaltücher 185
    auf der Arbeitsplatte 40
    Lebensmittellagerung 204
    Spülbecken putzen 118-119
Baumwolle bügeln 141
Becher, Flecken entfernen 56-57
Bergpalme 189
Besen 10
Besteck
    abspülen 109
    Abtropfkorb 104
    Spülmaschine 116
Bettdecken
    Allergikerbezüge 186
    Betten machen 80-81
    Flecken entfernen 148
    frisch beziehen 78-79
    Füllungen 79
    im Wäschetrockner 148-149
    Recycling 195
    Umgang mit Allergien 186
    waschen 149
Betten
    frisch beziehen 78-79
    Kinderzimmer 178
    lüften 76, 80, 178
    machen 76, 80-81, 178
    Matratzen 82-83
    Unterbettkommoden 180, 210
Bettwäsche
    aufhellen 149
    Pflege 148-149
    wechseln 78-79
Bienenwachs 74-75
    Holzböden ausbessern 69
    Holzmöbel polieren 67
Bildschirme 99
Bleicherde, Fettflecken auf Polstern 165
Blitzputz
    Badezimmer 86-87
    Blitzschnell aufräumen 16-17
    Büro 98-99
    Kinderzimmer 178-179
    Küche 38-39
    Schlafzimmer 76-77
    Wohnzimmer 60-61
Blitzschnell aufräumen 16-17
Blusen *siehe* Hemden
Blutflecken auf Kleidung 170-171
Böden
    Badezimmer 87
    Blitzputz in der Küche 39
    Holzböden ausbessern 68-69
    Küchen 42-43
    Ofenreinigung 46
    Staubsaugen 22-23, 31
    Umgang mit Allergien 186
Bodenreiniger 9
Bodenstaubsauger 20
Borax 12
    Gläser zum Glänzen bringen 111
    weiße Wäsche 127
Bratpfannen *siehe* Pfannen
Brennspiritus 156
    Fenster putzen 37
    Grasflecken auf Kleidung 163
    Tintenflecken auf Kleidung 161
Bücher
    im Kinderzimmer 181
    tauschen 195
Bügelbretter 139
    Bezüge 138
Bügeleisen
    Dampfbügeleisen 139
    entkalken 139
    Reinigungstücher 138
bügeln 138-147
    blitzschnell 140-141
    Bügeltücher 138, 145
    Hemden 142-145
    Pflegeanleitungen 125
    Utensilien 138-139
Büro
    Blitzputz 98-99
    Laptop reinigen 100-101
    Ordnung 214-215
Bürostuhl 99, 214
bürsten, Haustiere 183, 187

C
CDs
    Aufbewahrung 197
    Recycling 195
chemische Reinigung 150-151
    Decken 149
    Motten 211, 212
    Pflegeanleitungen 125, 150-151
Chlorreiniger 8
    Duschvorhänge waschen 93
    Fenster, Grundreinigung 36
    Spülbecken putzen 118-119
    Toilette putzen 95
Chromarmaturen reinigen 91
Computer
    Blitzputz im Büro 99
    Laptop reinigen 100-101
    Recycling 195
    Spiele 197

D
Dachboden aufräumen 216-217
Dampfbügeleisen 139
Daunen
    Bettdecken 79
    chemisch reinigen 151
Deckel
    Tiernahrungsdosen 185
    Topfdeckelhalter 198
Decken
    Betten machen 81
    Haustiere 184, 187
    Flecken 148
    Reinigung 149
Deoflecken auf Kleidung 167
Desinfektionsmittel 8
    Haustiere 185
    Toilette putzen 94
Dichtung, Waschmaschine 128
Druckluftspray 100-101
Dusche putzen 92-93
Duschkabinen trocknen 86
Duschtüre 93
Duschvorhänge
    trocknen 86
    waschen 93
Düsen, Staubsauger 20
DVDs
    Aufbewahrung 197
    Recycling 195

E
Edelstahlschwämme *siehe* Scheuerspiralen
Eimer 11
Einblatt 189
Eingang *siehe* Flur
Einmaltücher, antibakterielle 185
Eiweiß
    Abwasch 107
    Flecken 163, 171
Elektrizität
    Backofen putzen 49
    Kabelkanäle 196
    Kühlschränke auswaschen 53
Elektrogeräte
    Fernseher abstauben 64-65
    Multimedia 196
    Recycling 195
    siehe auch Computer
Elektrokabel *siehe* Kabel
Elektroschrott 195
Energie sparen 218
Entkalker
    bei weißer Wäsche 127
    Bügeleisen 139
    Wasserkessel entkalken 55

REGISTER

entrümpeln *siehe* Ordnung schaffen
Essig 13
   Abfluss reinigen 120
   Badewanne putzen 91
   Badezimmer putzen 85
   Dusche putzen 92, 93
   Fenster putzen 34–35, 37
   Gläser zum Glänzen bringen 110–111
   Pflege der Waschmaschine 129
   Schweißflecken entfernen 167
   Spülbecken putzen 89
   Toilette putzen 95
   Wasserkessel entkalken 54–55

F
Faltrollos reinigen 29
Federkernmatratzen 83
Federn
   Bettdecken 79
   chemisch reinigen 151
Feinwäsche
   Blutflecken 171
   Grasflecken 163
   Handwäsche 130–133
   trocknen 136
Fellbürste 184
Fenster putzen 34–37
Fernbedienungen 196
Fernseher 60, 64–65
Fett, Abfluss 107, 120–121
Fettflecken
   auf Holzmöbeln 67
   auf Kleidung 164–165
   auf Ledersofas 73
   auf Polstern 165
   auf Tapeten 165
   auf Teppichen 165
   auf Wänden 63
Feuchtigkeit,
   Umgang mit Allergien 187
Filter
   Spülmaschine 117
   Staubsauger 21, 26, 27, 183, 186
   Wäschetrockner 137
   Waschmaschine 129
Filzstifte, Tintenflecken 160
Flaschen, Recycling 58
Fleckenentfernung 154–173
   Alles gegen Flecken 156–157
   Badewanne 91
   Becher 56
   Bettzeug 148
   Blut auf Kleidung 170–171
   Bürostühle 99
   chemische Reinigung 151
   Fett auf Kleidung 164–165
   Gras auf Kleidung 162–163
   Handwäsche 130
   Kaffee auf Polstern 173
   Kinderzimmer 178
   Lebensmittel auf Polstern 172–173
   Ledersofas 73
   Matratzen 82
   Rotwein auf Teppichen 158–159
   Schweiß 166–167
   Spülbecken 89, 119
   Tee auf Polstern 173
   Tinte auf Sofas 160
   Urin auf Teppichen 168–169
   von Hand waschen 132–133
   Vorhänge 29
Fleckentferner, spezielle 157
Flur, Ordnung 208–209
Freecycle 194
Frischhaltefolie 204
Fugen
   putzen 41
   Schimmel entfernen 93
Fugendüse, Staubsauger 20
Fußböden *siehe* Böden
Fußmatten 30
Futternäpfe 184

G
Gallseife
   Alles gegen Flecken 156
   Grasflecken auf Kleidung 163
   Handwäsche 130
Gänsedaunen 79
Garderobe
   Blitzschnell aufräumen 17
   Ordnung 208–209
Gärtnern 219
Gefriergeräte
   Energie sparen 219
   Lebensmittel lagern 206–207
   Recycling 194
Gerüche
   chemisch gereinigte Textilien 151
   Duftkerzen 16, 60, 98, 188
   Küche 39
   Raumerfrischer 188–189
   Schuhe 213
Geschirr spülen *siehe* Abwasch
Geschirrspülmaschine *siehe* Spülmaschine
Geschirrtücher 104
   abtrocknen 109
   bügeln 141
   Topf- und Pfannenpflege 112
Glas
   Fenster putzen 34–37
   Geschirr spülen 108, 110–111
   Recycling 58
   Spiegel putzen 35, 61, 77
   Vorratsgläser 200
Glycerin, Schweißflecken entfernen 167
Granit, Arbeitsflächen 41

Grasflecken auf Kleidung 162–163
Grünlilie 189
Gummihandschuhe 9, 75
   Alles gegen Flecken 157
   Alles zum Abspülen 105, 109
   Badezimmer putzen 85
   Handwäsche 131
   Haustierhaushalt 185
   Ofenreinigung 45, 46
   Schuhputzkasten 153
   Spülbeckenreinigung 118
   Tierhaare entfernen 182
   Topf- und Pfannenpflege 113

H
Haare, Tierhaare auf Polstern 182–183
Handschuhe *siehe* Gummihandschuhe
Handstaubsauger 20–21, 25
Handtücher
   auswechseln 87
   bei der Fleckenentfernung 156, 161, 173
   bei der Handwäsche 131–132
   Schuhputzkasten 75
Handwäsche
   Pflegeanleitungen 125
   Utensilien 130–131
   von Hand waschen 132–133
Haushaltsgeräte entsorgen 194
Hausstaub *siehe* Milben
Haustiere
   baden 187
   bürsten 183, 187
   Hautschuppen 187
   Tierhaare auf Polstern 182–183
   Umgang mit Allergien 186–187
   Utensilien 184–185
Heizlüfter 134
Heizung, Energie sparen 218
Hemden
   bügeln 142–145
   Kragenspeck 126
   trocknen 135
   zusammenlegen 146–147
HEPA-Filter im Staubsauger 21, 183, 186
Hilfsorganisationen 193, 194–195, 210–211
Holz
   Böden ausbessern 68–69
   Möbel polieren 66–67
Hosen
   aufbewahren 211
   chemisch reinigen 150
   zusammenlegen 147
Hygiene
   antibakterielle Einmaltücher 185
   Geschirrtücher 109

Spülbecken putzen 118–119
Toilette putzen 94–95

I, J
Imprägnierspray
   Faltrollos reinigen 29
   Schuhputzkasten 153
Jalousien reinigen 32–33

K
Kabel
   Computerkabel 99
   Kabelkanäle 196
   Verlängerungskabel 197
Kaffeeflecken auf Polstern 173
Kalk
   Badewanne 91
   Bügeleisen 139
   Dusche 92–93
   Gläser 110–111
   Spülbecken 89
   Spülmaschine 117
   Toiletten 95
   Waschmaschine 129
   Wasserkessel 54–55
Kaltschaummatratzen 83
Kaschmirwolle, Handwäsche 132
Kaugummi auf Holzböden 69
Kehrschaufel-Set 11
Keller aufräumen 216–217
Keramikspülbecken putzen 119
Kerzen
   zur Lufterfrischung 16, 60, 98, 188
   Wachs von Holzböden entfernen 69
Kinder
   Mithilfe im Haushalt 176–177
   Sicherheit, Ofenreinigung 46
   Sicherheit, Wäschetrockner 137
Kinderzimmer
   Blitzputz 178–179
   Ordnung 180–181
Kissen
   Allergikerbezüge 186
   auffrischen 148
   Betten machen 81
   chemisch reinigen 151
   Flecken entfernen 148
   Füllungen 79
   waschen 148
Kissenbezüge 78
Kisten, Lagerung 216–217
Klarspüler, Spülmaschine 117
Kleiderbügel
   Alles zum Bügeln 139
   chemische Reinigung 151
   Kleider- und Schuhpflege 212
Kleiderschränke aufräumen 211
Wäsche drinnen trocknen 135

REGISTER

Kleidermotten 211–212
Kleiderschränke
  aufräumen 210–211
  Kleiderpflege 212
Kleidung
  Blutflecken 170–171
  bügeln 138–147
  chemische Reinigung 150–151
  Deoflecken 167
  drinnen trocknen 134–135
  Falten entfernen 147
  Fettflecken 164–165
  Grasflecken 162–163
  Handwäsche 132–133
  Hemden zusammenlegen 146–147
  Jahreszeiten 210, 213
  lüften 212
  Mottenschäden 211–212
  Pflege 212–213
  Pflegeanleitungen 125
  Rotweinflecken 159
  Schweißflecken 166–167
  Schränke ausmisten 210–211
  Tintenflecken 161
  Urinflecken 169
  Wäsche sortieren 124–125
  Wäschetrockner 136–137
  Weißwäsche 126–127
Kinder, Mithilfe im Haushalt 176
  Sicherheit Ofenreinigung 46
  Sicherheit Wäschetrockner 137
Klobürste 94
Kochfeld 38
Kochtöpfe siehe Töpfe
Koffer 147
kompostierbare Müllbeutel 185
Kondensation, Wäsche drinnen
  trocknen 134
Konfitüreflecken auf
  Polstern 172–173
Körbe
  Aufbewahrung 181
  Blitzputz im Bad 87
  Blitzputz im Schlafzimmer 77
  Blitzschnell aufräumen 17
  Haustiere 184, 187
  Ordnung im Flur 209
  Unterbettkommoden 180, 210
Kragen (Hemd)
  bügeln 142
  vorbehandeln 126
Kratzer
  Acrylbadewanne 91
  Holzböden 68–69
Kräuselfalten bügeln 143
Küche
  Abfluss 120–121
  Abwasch 102–115
  Arbeitsflächen 40–41
  Backöfen 44–49

Blitzputz 38–39
Blitzschnell aufräumen 16
Fußböden 42–43
Gefriergeräte 206–207
Kleinkramfächer 202–203
Kühlschränke 52–53, 204–205
Ordnung 198–199
Spülbecken 118–119
Spülmaschine 116–117
Vorratsschränke 200–201
Wasserkessel entkalken 54–55
Küchenpapier
  Alles gegen Flecken 157
  Fettflecken auf Kleidung 164
  Für den Ofen 44
  Putzmittel fürs Bad 84
  Rotweinflecken auf Teppichen 158
  Schuhputzkasten 152
  Tintenflecken auf Sofas 160
  Topf- und Pfannenpflege 113
  Urinflecken auf Teppichen 168
Kugelschreiber, Flecken 160–161
Kühlschränke
  auswaschen 52–53
  Lebensmittel lagern 204–205
  Recycling 194

L

Laken 81, 82
  aufhellen 149
  Betten frisch beziehen 78–79
  Betten machen 81
  siehe auch Bettwäsche
Laminatböden
  ausbessern 74
  in der Küche 43
Laptop reinigen 100–101
Latex
  Kissen 81
  Matratzen 83
Lavendelsäckchen 189, 212
Lebensmittel
  Angebranntes entfernen 114–115
  Flecken auf Polstern 172–173
  Gefriergeräte 206–207
  Kühlschränke 204–205
  Lagerung 39
  selbst anbauen 219
  Vorratsschrank 200–201
Ledersofas pflegen 72–73
Leuchten
  Blitzschnell aufräumen 17
  Energie sparen 218
  Lampenschirme abstauben
    19, 179
lüften
  Betten 76, 80, 178
  Kinderzimmer 178
  Kleidung 212
Luftentfeuchter 187

Luftverschmutzung
  Wäsche 127
  Zimmerpflanzen 189
Lycra® 136

M

Malerpinsel siehe Pinsel
Matratzen 82–83
  Allergikerbezüge 186
  Auflagen und Schonbezüge 82–83
Messbecher 9, 54
Metallpolitur 74
  Kratzer auf Acrylwannen 91
Mikrofaserhandschuhe 74
Mikrofasertücher 8, 74
  abstauben 18
  Dusche putzen 93
  Fernseher abstauben 64–65
  Holzmöbel abstauben 66
  Laptop reinigen 101
  Schuhputzkasten 153
  Spülbecken putzen 89
  Topf- und Pfannenpflege 113
Mikrowellengeräte, Recycling 194
Milben
  Betten frisch beziehen 79
  Betten lüften 80, 178
  Blitzputz im Schlafzimmer 76
  Kissen im Wäschetrockner 148
  Matratzenpflege 82–83
  Tierhaare 183
  Umgang mit Allergien 186–187
Möbel
  Blitzschnell aufräumen 17
  Holzmöbel polieren 66–67
  im Büro 99, 214
  im Wohnzimmer 60, 61
  Ledersofas pflegen 72–73
  Recycling 194
  Sofas saugen 70–71
  Tintenflecken auf Sofas 160
Mobiltelefone, Recycling 195
Motten 211, 212
Mülleimer 87
Multimediageräte
  Blitzputz im Wohnzimmer 60
  bändigen 196–197

N

Natron 12
  Abfluss reinigen 120
  Angebranntes entfernen 114
  Backofenreinigung 44, 48–49
  Duschvorhänge waschen 93
  Fettspritzer auf Wänden 63
  fleckige Becher säubern 56–57
  Kühlschrank 52–53, 205
  Pflege der Waschmaschine 129
  schlecht riechende Schuhe 213
  Schuhputzkasten 152

Spülbecken 119
Topf- und Pfannenpflege 112
natürliche Putzmittel 12–13

O

Oberflächen abstauben 18–19
Ofenreinigung 46–51
  Belüftung 47
  Reiniger 46–47, 49
  Utensilien 44–45
Öl, Abfluss 107
Ordner 181
Ordnung schaffen 190–219
  Büro 214–215
  Dachboden und Keller 216–217
  effektiv ausmisten 192–193
  Flur 208–209
  Kleiderschränke 210–211
  Kleinkramfächer 202–203
  Küche 198–207
  Multimediageräte 196–197
Oxi-Vorwaschmittel und
  -Fleckenentferner 156, 166–167

P

paillettenbesetzte Stoffe bügeln 145
Perchlorethylen 165
Pfannen 38, 106, 112, 114
Pflegeanleitungen 125
  Bügeln 141
  Reinigung 150, 151
  Wäschetrockner 136
Pinsel 75
  Holzmöbel polieren 66
  Laptop reinigen 101
  Politur-Set 74–75
polieren
  Holzmöbel 66–67
  Ledersofas 72–73
  Schuhe 153
  Utensilien 74–75
Polster
  Blutflecken 171
  Fettflecken 165
  Kaffeeflecken 173
  Lebensmittelflecken 172
  Rotweinflecken 159
  saugen 70–71
  Teeflecken 173
  Tierhaare 182–183
  Tintenflecken 160
  Umgang mit Allergien 186
Polsterdüse für Staubsauger 20
professionelle Reinigung
  Sofas 71
  Teppiche 23, 31
Prospekte 209
Protein siehe Eiweiß
Pümpel siehe Saugglocke
Putzhilfe 117

REGISTER

R
Raumerfrischer 188-189
Recycling 194-195
  ausmisten 193
  Behälter 58-59
Reinigung *siehe*
  chemische Reinigung
Reißverschlüsse 125
Rollos reinigen 33
Rotweinflecken 158-159

S
Salz
  Rotweinflecken 159
  Spülmaschinenspezialsalz 117
  Topf- und Pfannenpflege 113
Sattelseife 72-73
Saugglocke
  Abfluss reinigen 121
  WC-Verstopfung 96-97
Scheuermilch 9, 85
  Badewanne 90
  Öfen 45
  Spülbecken 88
Scheuerspiralen 8
  Abwasch 104-105, 108-109
  Angebranntes entfernen 114
  desinfizieren 119
  Für den Ofen 44
  Ofengitter schrubben 51
  Topf- und Pfannenpflege 112
Schimmel
  Badezimmer 86
  Dichtungen an Duschkabinen 91
  Duschvorhänge 93
  Fenster 36
  Fugen 93
  Wäsche drinnen trocknen 134
  Waschmaschinenpflege 128
Schimmelspray 91
Schlafzimmer
  Blitzputz 76-77
  Umgang mit Allergien 187
Schlauch, Staubsauger 21, 27
Schokoladenflecken auf Polstern 172-173
Schränke
  ausmisten 192
  Garderobe 208-209
  Küche 200-201
Schrankpapier 212
Schreibtische
  Blitzputz im Büro 98
  Ordnung schaffen 214-215
Schubladen
  ausmisten 192
  Einteilung 203
  Kleiderpflege 212
  Kleinkramfächer 202-203
  Ordnung in der Küche 198

Schuhbürsten 152
Schuhe
  aufbewahren 209, 213
  Gerüche entfernen 213
  putzen 152-153
  trocknen 213
Schuhschnellglanz 153
Schwämme
  Alles gegen Flecken 157
  Alles für den Abwasch 105
  Badewanne putzen 90
  Dusche putzen 92
  Haustierhaushalt 185
  Ofenreinigung 45, 48-49
  Putzmittel fürs Bad 85
  Spülbecken putzen 88
Schweißflecken auf Kleidung 166-167
Seide
  bügeln 145
  von Hand waschen 133
Seifenränder in der Badewanne 90
Sicherheit
  Backofenreiniger 46, 49
  Kühlschränke auswaschen 53
  Wäschetrockner 137
Sichtblenden
  Faltrollos 29
  Jalousien 32, 33
  Lamellenvorhänge 33
  Rollos 33
  siehe auch Vorhänge
Sofas
  Blitzputz Wohnzimmer 60
  Blitzschnell aufräumen 17
  Ledersofas pflegen 72-73
  saugen 70-71
  Tintenflecken 160
  Umgang mit Allergien 186
  sparsam haushalten 218-219
Speisestärke, Fettflecken entfernen mit 165
Spiegel
  Badezimmer 87
  putzen 35, 61, 77
Spielekonsole 197
Spielzeug 61, 179
  Aufbewahrung 180-181
Spinnweben 36
Sprudelwasser 157
  Rotweinflecken 158
  Urinflecken 168
Spülbecken
  Abfluss reinigen 120-121
  Abwasch 106-111
  Blitzschnell aufräumen 16
  putzen 118-119
Spülbürsten 105, 108-109
  desinfizieren 119
Spülmaschine 107, 116-117

Spülmittel 105, 112
Staubsauger 10, 20-21
  beutellose 27
  Büro 99
  Filter 183, 186
  HEPA-Filter 183, 186
  Jalousien 32, 33
  Küche 39, 42
  Matratzen 82
  Pflege 26-27
  Schlafzimmer 77
  Sofas 70-71
  Teppiche 22-23, 31
  Tierhaare 183
  Treppen 24-25
  Umgang mit Allergien 186
  Vorhänge 28-29
  Wohnzimmer 61
Staubsaugerbeutel 21, 26
Staubtücher 8, 75
  abstauben 19
  Schuhputzkasten 152
Staubwedel 11
Stehsammler 181, 215
Stein
  Fußböden 43
  Spülbecken 89
Stoffe
  knitterfreie Stoffe 140
  siehe auch Bettwäsche, Tücher
Strickwaren 211

T
Talkum 156
  Fettflecken auf Polstern 165
Tapeten
  Fettflecken entfernen 165
  reinigen 63
Tastaturen reinigen 99
Tauschbörsen 195
Teebaumöl 13
Teeflecken auf Polstern 173
Telefone
  Blitzputz im Büro 99
  Recycling 195
Teller abspülen 107, 108
Teppichböden 30-31
  Fettflecken 165
  im Kinderzimmer 178
  professionelle Reinigung 23, 31
  Rotweinflecken 158-159
  Staubsaugen 22-25, 31
  Teppichschaum 156, 159
  Tierhaare 183
  Urinflecken 168-169
Teppiche 30-31, 61
  aufgerollte Ränder 30
  ausbleichende 30
  ausklopfen 31

Blitzschnell aufräumen 17
  saugen 31
Teppichunterlagen 30
Textilien *siehe* Stoffe
Tiere *siehe* Haustiere
Tierhaare und -schuppen,
  Allergien 183, 186
Tintenflecken auf Sofas 160
Tische, Blitzschnell aufräumen 16
Toilette
  Blitzputz Bad 87
  putzen 94-95
  Verstopfung 96-97
Toilettenreiniger 84
Töpfe und Pfannen
  abspülen 38, 106, 109
  Angebranntes entfernen 114-115
  Aufbewahrung 198-199
  Utensilien 112-113
Topfständer 199
Treppen, staubsaugen 24-25
trocknen, Abwasch 109
Trockner *siehe* Wäschetrockner
Tücher
  Alles gegen Flecken 156
  Bügeltücher 138
  Stricktücher 12
  Topf- und Pfannenpflege 112
  siehe auch Mikrofasertücher

U
Überlauf, Spülbecken putzen 118
Unterbettkommoden 180, 210
Urinflecken
  auf Kleidung 169
  auf Matratzen 83
  auf Teppichen 168-169
Utensilien
  Alles gegen Flecken 156-157
  Alles zum Abspülen 104-105
  Alles zum Bügeln 138-139
  Basics 8-9
  Besenschrank 10-11
  Für den Ofen 44-45
  Handwäsche 130-131
  Haustierhaushalt 184-185
  Natürliche Putzmittel 12-13
  Politur-Set 74-75
  Putzmittel fürs Bad 84-85
  Raumerfrischer 188-189
  Recycling 58-59
  Schuhputzkasten 152-153
  Staubsauger 20-21
  Topf- und Pfannenpflege 112-113

V, W
Verlängerungskabel 197
Vintage-Kleidung
  bügeln 14
  von Hand waschen 133

223

REGISTER UND DANK

Vorhänge
  chemisch reinigen 150
  Duschvorhänge 86, 93
  säubern 28–29
Vorratsgläser 200
Wachs
  Möbelwachs 66–67, 75
  Fußbodenwachs 68–69
  Wachsmalstifte auf Holzböden 69
Wände
  abstauben 18
  Aufbewahrungsmöglichkeiten 217
  putzen 62–63
Waschbecken putzen 86, 88–89
Waschbenzin, Tintenflecken 161
Wäschepflege 122–151
  Bettwäsche 148–149
  bügeln 138–147
  drinnen trocknen 134–135
  Handwäsche 130–131
  Hemden zusammenlegen 146–147
  Kinderkleidung 179
  sortieren 124–125
  von Hand waschen 132–133
  Wäschetrockner 136–137, 140
  Waschmaschine pflegen 128–129
  Weichspüler 140
  weiße Wäsche 126–127
Wäsche trocknen
  drinnen trocknen 134–135
  Pflegeanleitung 125, 136
  Wäschetrockner 136–137, 140
  weiße Wäsche 127
Wäschetrockner 136–137, 140
  Bettdecken auffrischen 148–149
  Kissen auffrischen 148
  Pflegeanleitungen 125, 136
  Recycling 194

Waschmaschine
  Pflege 128–129
  Pflegeanleitungen 125
  Recycling 194
Waschmittel
  Alles gegen Flecken 156
  Angebranntes entfernen 114
  Badewanne putzen 91
  Bettwäsche aufhellen 149
  Blutflecken auf Kleidung 170–171
  Duschvorhänge 93
  Fettflecken auf Kleidung 165
  Handwäsche 131
  Lebensmittelflecken
    auf Polstern 172
  Ofengitter putzen 45, 50–51
  Oxi-Waschmittel 156, 166–167
  Schweißflecken 167
  Teeflecken auf Polstern 173
  Urinflecken 169
  weiße Wäsche 127
Waschsalons,
  Bettdecken waschen 149
Waschschüsseln 104, 119, 130, 156
Waschzettel *siehe* Pflegeanleitungen
Wasserkessel entkalken 54–55
Wasserstoffperoxid
  Alles gegen Flecken 157
  Schweißflecken entfernen 167
Wattestäbchen
  Fernbedienungen säubern 65
  Laptop reinigen 101
WC *siehe* Toiletten
Weichspüler 140
Weinflecken 158–159
Weißwäsche 126–127
Wildlederpflege 153
Wischmopp 11

Wodka, Kugelschreiberflecken
  entfernen 161
Wohnzimmer
  Blitzputz 60–61
  Blitzschnell aufräumen 17
Wolle
  Decken chemisch reinigen 149
  drinnen trocknen 135
  von Hand waschen 132
  vor Motten schützen 211, 212

Z

Zahnbürsten
  fleckige Becher säubern 56–57
  Politur-Set 75
  schimmelige Fugen 93
  sparsam haushalten 219
  Spülbecken putzen 118–119
  Waschbecken putzen 89
Zeitschriften 61, 181, 209, 215
Zeitungspapier
  Fenster putzen 37
  Schuhputzkasten 153
Zimmerpflanzen als
  Raumerfrischer 189
Zitrone 13
  Frische im Kühlschrank 53, 205
  Saft, natürliche Putzmittel 13
  Topf- und Pfannenpflege 113
  Wasserkessel entkalken 54–55

Dank

Der Verlag Dorling Kindersley dankt Tamsin Weston für das Set-Styling, Gary Kemp für die Bildbearbeitung, Adam Brackenbury für die Gestaltung der Symbole, Tessa Bindloss für Design-Assistenz, Danaya Bunnag für ihre Tätigkeiten als Model und Assistentin, Roxanne Benson-Mackey für das Modeln, Emma Sergeant, Ria Osborne und Liz Franks für Fotoassistenz und Modeln, Hers Agency Ltd. für die Vermittlung der Stylistin, j-me für die Requisiten und 1st Option für die Vermittlung der Foto-Location.